Ausgabe Südwest

Doppel-Klick

Das Arbeitsheft 4 A

Herausgegeben von
Werner Bentin, Renate Krull und Martin Plieninger

Erarbeitet von
Werner Bentin, Iris Böger, Kathleen Breitkopf,
Axel Frieling, Maja Jeretin-Kopf, Rebekka Kübler,
Ralph Olsen und Martin Plieninger

Cornelsen

Inhalt

Arbeitstechnik

Training Schreiben

Schrift üben – schreiben üben

Die Handschrift überprüfen und verbessern

Wenn du einen Text schreibst, ist es wichtig, dass man deine Handschrift gut lesen kann. Hier siehst du Ausschnitte aus einem Abschreibtest.

1 Sieh dir die Handschriften genau an.

1
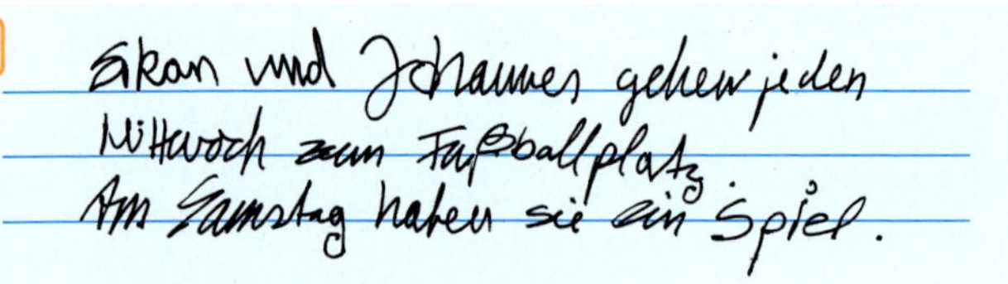

2

3
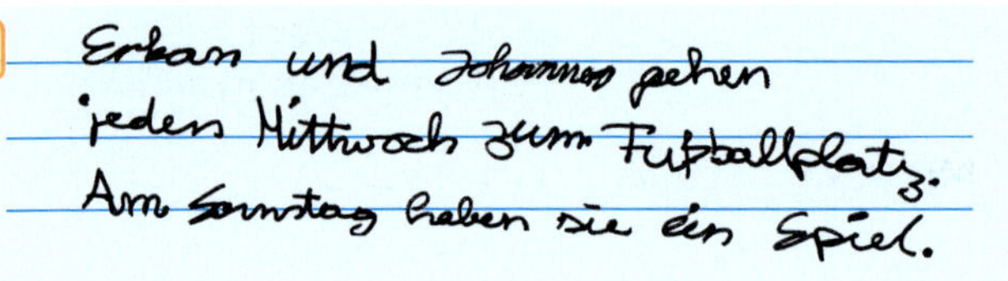

4
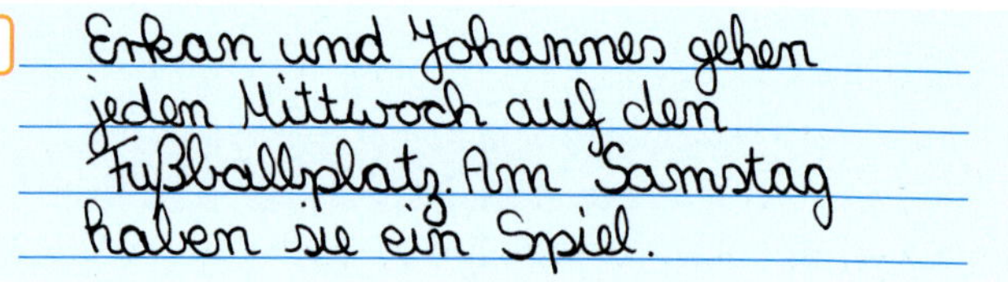

u/n
r/s
h/k
s/S
einmal

Oberlänge
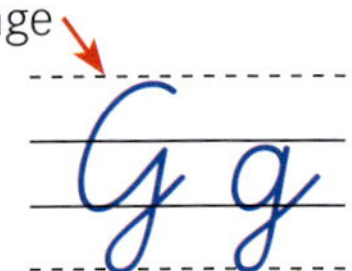
Unterlänge

Torkelschrift = Die Schreibrichtung der Handschrift ist unregelmäßig.

Unter die Abschreibtests der ersten drei Schüler hat die Lehrerin geschrieben: „Deine Schrift ist manchmal so schlecht zu lesen, dass man zum Beispiel nicht weiß, welche Buchstaben du meinst. Achte bitte zukünftig auf eine gut lesbare Schrift."

2 Beurteile die Handschriften. Beantworte dazu die Fragen.
Trage jeweils die Nummer der Handschrift in ein Kästchen ein.

Bei welcher Handschrift sind einzelne Wörter noch gut lesbar?

☐☐☐☐

Bei welcher Handschrift werden die Ober- und Unterlängen nicht eingehalten?

☐☐☐☐

Wo ist die Schreibrichtung der Handschrift unregelmäßig und wo torkeln die Buchstaben?

☐☐☐☐

Bei welcher Handschrift kann es leicht zu Verwechslungen von Buchstaben kommen? Typische Verwechslungen kommen zum Beispiel bei *u* und *n* oder *h* und *k* vor.

☐☐☐☐

3 Überprüfe, ob es dir vielleicht ähnlich ergangen wäre.
Schreibe den Abschreibtest in deiner normalen Handschrift auf.

4 Beurteile deine Schrift.
Was gefällt dir noch nicht an deiner Schrift? Kreuze an.

- ☐ Meine Schrift kippt nach links oder rechts.
- ☐ Einzelne Buchstaben kann man leicht mit anderen verwechseln.
- ☐ Die Rundungen (wie z. B. bei b oder g) sind nicht geschlossen.
- ☐ Meine Schrift ist zu groß oder zu klein.
- ☐ Ich kann die Linie nicht einhalten.
- ☐ Einige Buchstaben kann man nicht genau erkennen.

m/ui
P/F/T
q/g

Johannes
Die Rundungen bei o und a sind nicht geschlossen.

Im folgenden Satz kommen alle Buchstaben des Alphabets vor.

5 Du kannst mit dem Satz üben, deine Schrift zu verbessern.

Franz jagt im komplett verwahrlosten Taxi quer durch Syburg.

a. Schreibe den Satz in deiner normalen Schrift auf.

b. Finde mit Hilfe von Aufgabe 3 und 4 heraus, welche Buchstaben oder Buchstabengruppen aus diesem Satz du besonders üben musst. Schreibe diese Buchstaben und Buchstabengruppen in die obere Reihe der Tabelle.
c. Übe diese Buchstaben und Buchstabengruppen in den Reihen darunter.

6 Schreibe den Satz nun in einer gut lesbaren Schrift auf.
- Achte darauf, dass deine Schrift nicht nach rechts oder nach links kippt.
- Halte die Rundungen ein, zum Beispiel bei a, b, d, g und o.
- Schreibe nicht zu klein, aber auch nicht zu groß.
- Vergiss keine Punkte und Striche (zum Beispiel bei i und t).
- Schreibe genau auf die Schreiblinien.

7 Schreibe nun den Text von Seite 4 in einer gut lesbaren Schrift in dein Heft.

Den Textknacker wiederholen

Sogar die Kapelle des Hotels besteht vollständig aus Eis. Man kann in dieser Kapelle auch heiraten. Die Eheschließung nimmt ein Pfarrer oder ein Standesbeamter vor.

Beim Bauen mit Eis arbeiten die Männer unter harten Bedingungen und in großer Kälte.

Die Betten bestehen aus Eis-Blöcken. Darauf wird eine Auflage aus Schaumstoff gelegt. Darüber kommt dann noch eine Schicht aus Rentierfellen. Zum Schlafen legt man sich in einen Spezialschlafsack, der ausreichend Wärme bietet. Eine Übernachtung im Doppelzimmer kostet ca. 190 Euro.

Eine eisige Unterkunft

☐ Jukkasjärvi gehört zur schwedischen Stadt Kiruna und liegt 200 km nördlich des Polarkreises. Kiruna ist die flächenmäßig größte Stadt Schwedens. Sie umfasst ein Gebiet, das so groß ist wie Rheinland-Pfalz. Die Stadt hat 24 800 Einwohner. Monatelang regieren hier Eis und Schnee und es ist bis zu minus 40 Grad Celsius kalt, in extremen Wintern sogar bis zu minus 50 Grad Celsius.

☐ Eigentlich sind dies nicht gerade ideale Bedingungen für Touristen. Doch dann kamen schwedische Tourismus-Strategen auf die Idee, Eis und Schnee zum Baumaterial zu machen. So entstand das erste Eis-Hotel der Welt. Es ist für seine Gäste nur wenige Monate im strengsten Winter geöffnet und taut dann ab. Dieses Hotel wird jedes Jahr neu errichtet. Im Oktober beginnt der Bau. Schneekanonen[1] werfen das weiße Baumaterial über ein Stahlgerüst. Nach zwei Tagen wird das Gerüst durch Eis-Säulen ersetzt, die das freistehende Schneegewölbe von nun an halten. Ende November ist schließlich aus 3 000 Tonnen Eis und 30 000 Kubikmeter Schnee ein Winterparadies mit 60 Zimmern entstanden.

☐ Künstler erschaffen dann im Januar das Innendesign. Tische, Betten, Stühle und das gesamte Inventar werden aus Eis geformt. Die Eis-Bar mit den Gläsern, die jedes Getränk kühl halten und nie gespült werden müssen, ist weltberühmt. In der Eis-Kapelle[2] finden viele Hochzeiten und Taufen statt. In einem Eis-Kino werden Filme auf einen Eis-Bildschirm projiziert. Die Zimmer sind mit Skulpturen aus Eis geschmückt. Dafür muss man allerdings auf ein Badezimmer mit Dusche und WC verzichten. Es gibt nur Camping-Toiletten. Auch eine Heizung ist aus verständlichen Gründen nicht vorgesehen. Die Zimmertemperaturen schwanken zwischen minus 4 und minus 9 Grad. Für einen guten Schlaf sorgen hier dicke Schlafsäcke und Rentierfelle, die auf den harten Eis-Betten ausgebreitet sind. Morgens wird man mit heißem „Lingonberry-Juice“ geweckt, der dem Körper Vitamine spendet. Danach empfiehlt sich ein Sauna-Gang zum Aufwärmen. So kann jeder etwas tun, um seine Abwehrkräfte zu stärken und die niedrigen Temperaturen gut zu überstehen.

[1] die Schneekanone: eine Maschine, die aus einem Luft-Wasser-Gemisch Schnee herstellt und auf die Piste sprüht.
[2] die Kapelle: eine kleine Kirche oder ein Teil einer großen Kirche.

☐ Durch diese Geschäftsidee haben viele Einwohner Kirunas auch während der Polarnacht[3] Arbeit. Und Touristen aus aller Welt können in dieser Zeit den nordischen Sternenhimmel und den Schein der Polarlichter erleben. Auch die Gegend rings um das Eis-Hotel ist beeindruckend. Wälder und Moore bilden eine reizvolle Landschaft. Sie wird von bis zu 2 000 Meter hohen Bergen eingerahmt.

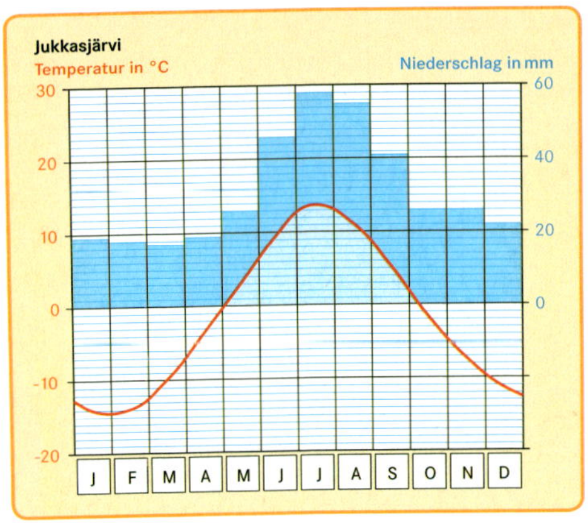

☐ Ende April, wenn die Sonne wieder länger scheint, verabschieden sich die letzten Gäste. Dann wird das Eis-Hotel unaufhaltsam zum „Wasser-Hotel“ und fließt langsam aber sicher in den Fluss Torne.

ein Diagramm zum Klima in Jukkasjärvi

Die Eingangshalle des Hotels wird von vielen Säulen aus Eis getragen.

Sachtexte enthalten viele Informationen und Fachausdrücke.
Mit dem Textknacker kannst du einen Sachtext selbst knacken.

1 a. Lies die Überschrift über dem Text.
b. Was sagt sie über den Inhalt des Textes?
Schreibe deine Vermutung in einem Satz auf.

Die **Überschrift** sagt Genaueres über **das Thema**.

2 a. Sieh dir die Fotos auf den Seiten 6 und 7 an.
b. Lies dazu die Bildunterschriften.
Welche zusätzlichen Informationen enthalten die Fotos und die Bildunterschriften?
c. Schreibe die Informationen in Stichworten auf.

Fotos helfen, den Text zu verstehen.

Starthilfe
Bauen mit Eis, harte ...

3 die Polarnacht: ein Zeitraum in den Polargebieten. Mindestens während eines Tages steigt die Sonne nicht vollständig über den Horizont. Es bleibt also den ganzen Tag dunkel.

Den Textknacker wiederholen

Absätze gliedern den Text.

3 Jeder Absatz enthält Informationen zu einem Teilthema.
a. Lies den ganzen Text auf Seite 6 und 7.
b. Nummeriere die Absätze.
c. Finde für jeden Absatz eine Überschrift.
Schreibe sie auf die passenden Linien unter Aufgabe 4.

Schlüsselwörter helfen, den Text zu verstehen.

4 Im ersten Absatz des Textes sind einige Schlüsselwörter hervorgehoben.
a. Finde weitere Schlüsselwörter in den anderen Absätzen und markiere sie.
b. Schreibe deine Schlüsselwörter unter die jeweilige Überschrift.

1. Absatz, Überschrift: ______________________

Schlüsselwörter: ______________________

____

____

2. Absatz, Überschrift: ______________________

Schlüsselwörter: ______________________

____

____

3. Absatz, Überschrift: ______________________

Schlüsselwörter: ______________________

____

____

____

4. Absatz, Überschrift: ______________________

Schlüsselwörter: ______________________

____

5. Absatz, Überschrift: ______________________

Schlüsselwörter: ______________________

____

In dem Diagramm auf Seite 7 findest du genauere Informationen über das Klima in Jukkasjärvi. Es werden zwei Werte in einer Grafik dargestellt: die mittlere Temperatur als Liniendiagramm und der mittlere Jahresniederschlag als Säulendiagramm.

5 a. Sieh dir das Diagramm zum Klima in Jukkasjärvi genau an.
b. Beantworte die folgenden Fragen in vollständigen Sätzen.
Tipp: Die Buchstaben unter dem Diagramm stehen für die Monate.

Diagramme geben zusätzliche Informationen.

In welchem Monat fallen in Jukkasjärvi die meisten Niederschläge, in welchem die geringsten?

Wie hoch ist die Temperatur in Jukkasjärvi im Juli?

Im Juli beträgt

In welchen Monaten ist es in Jukkasjärvi am kältesten?

In welchem Monat kann mit dem Bau des Hotels begonnen werden?

Tipp: **Wasser gefriert zu Eis bei 0 °Celsius.**

6 Drei Wörter aus dem Text werden in den Fußnoten erklärt.
Schreibe die Wörter und die Erklärungen in vollständigen Sätzen auf.

Worterklärungen helfen, den Text zu verstehen.

Die Schneekanone ist

Die Kapelle

Die Polarnacht ist

die Schneekanone

Den Textknacker wiederholen

In | ven | tar *das;* -s, -e: 1. Gesamtheit der zu einem Betrieb, Unternehmen, Haus o. Ä. gehörenden Einrichtungsgegenstände und Vermögenswerte (einschließlich Schulden)
2. Verzeichnis des Besitzstandes eines Unternehmens, Betriebs, Hauses [das neben der ↑ Bilanz jährlich zu erstellen ist]
3. Verzeichnis der Vermögensgegenstände u./o. Verbindlichkeiten

7 Im Text auf Seite 6 kommt das Wort Inventar vor.
a. Finde das Wort und unterstreiche es.
b. Lies die drei Erklärungen zu Inventar in dem Wörterbuchausschnitt in der Randspalte.
c. Welche Erklärung passt hier am besten? Markiere sie.

8 a. Schlage Wörter, die du nicht verstanden hast, im Lexikon nach.
b. Schreibe die Wörter und ihre Erklärungen hier auf.

die Preiselbeeren

9 „Lingonberry-Juice“ ist eine schwedische Spezialität. Worum handelt es sich hierbei wohl?
a. Sieh dir das Bild an.
b. Schlage im Wörterbuch Englisch-Deutsch unter juice nach.
c. Schreibe auf, worum es sich bei „Lingonberry-Juice“ handelt.

10 Schreibe nun eine Zusammenfassung des Textes auf.
Benutze dazu deine Notizen: die Überschriften der einzelnen Absätze, die Schlüsselwörter, die Erklärungen zum Diagramm und die Worterklärungen.

Eine **Zusammenfassung** zeigt, was du verstanden hast.

Starthilfe

Jukkasjärvi liegt in Schweden 200 Kilometer ...

die Eis-Skulpturen

Ein Referat vorbereiten

Du möchtest für das Projekt zum Thema „Urlaubsinseln“ ein Referat vorbereiten.
Die folgenden Schritte helfen dir dabei.

1. Schritt: Das Thema aussuchen

Das Thema ist bereits ausgewählt. Es heißt:
Wissenswertes für eine Reise nach Mallorca

2. Schritt: Informationen beschaffen

Hier findest du einen Notizzettel zu einem Fernsehbericht über Mallorca. Die Notizen sind noch ungeordnet.

1 Lies die Notizen.

- Mittelmeerklima: heiße, trockene Sommer – feuchte, milde Winter
- ______ km² groß, gehört zu den Balearen, gebirgig
- wandern: Bergtouren, Radwanderer
- Amtssprache: katalanisch (catalán) und spanisch (kastilisch)
- Reisekataloge im Reisebüro besorgen
- Tiere: Wildkaninchen, Feldhasen, Marder, verwilderte Ziegen, zahlreiche Vogelarten
- immer grün, Mandelbaumplantagen, Ölbäume, Zitrusbäume
- größte Insel der Balearen, zwischen 39. und 40. Breitengrad
- Paradies für Wassersportler: segeln, surfen, tauchen (heute Abend Micha nach Tauchkurs fragen!)
- Gibt es da wohl auch Sportkurse am Strand?
- Wie viele Einwohner? ______
- Insellage im Meer bestimmt das Klima: im Sommer kühlend, im Winter erwärmend
- In welchem Hotel hat Mama vor zwei Jahren gewohnt?
- Mallorquí ist Dialekt des Katalanischen
- Hauptstadt: ______, im Südwesten
- 3000 Stunden Sonne im Jahr
- von Nord nach Süd: ca. 140 km / von West nach Ost: ca. 180 km
- ca. 1500 Pflanzenarten, ca. 100 Orchideenarten (unbedingt Mama erzählen)
- Probleme: wachsende Müllberge, zubetonierte Küsten (Ostküste), Wasserknappheit
- mehr als 200 Buchten und Strände (viele an Ostküste), Küstengewässer sauber

3. Schritt: Wichtige Informationen notieren

2 Drei wichtige Informationen fehlen auf dem Notizzettel.
a. Markiere die Stellen, an denen die Informationen fehlen.
b. Finde die fehlenden Informationen in den Lexikonausschnitten.
c. Ergänze sie auf dem Notizzettel.

Mallorca ist mit 3 640 km² die größte der fünf Baleareninseln. Die gebirgige Insel im Mittelmeer liegt zwischen dem 39. und 40. Breitengrad.

Mallorca, der Verwaltungssitz der spanischen Balearen, hat 750 000 Einwohner, von denen 370 000 in der Hauptstadt Palma leben.

Mallorca, die größte Insel der Balearen, gehört zu Spanien. Palma ist die Hauptstadt Mallorcas und das Verwaltungszentrum der gesamten Balearen. Zu den Balearen gehören neben Mallorca auch Menorca, Cabrera, Ibiza, Formentera sowie zahlreiche Felsinseln.

Einige Informationen auf dem Notizzettel sind für das Referatthema unwichtig.

3 Welche Notizen enthalten keine wichtigen Informationen für dein Referatthema „Wissenswertes für eine Reise nach Mallorca“?
Streiche diese Notizen durch.

4. Schritt: Das Referat gliedern

Die Notizen lassen sich verschiedenen Teilthemen zuordnen.

4 In der Randspalte findest du Vorschläge für passende Überschriften zu den Teilthemen.
Ordne ihnen die Notizen zu.
Unterstreiche die Notizen in der Farbe der passenden Überschrift.

Zahlen und Daten
Klima
Umweltprobleme
Sprache

5 Einige Notizen passen zu keinem Teilthema aus Aufgabe 4.
Finde selbst zwei weitere Überschriften für Teilthemen.
a. Schreibe die beiden Überschriften hier auf.
b. Schreibe jeweils die passenden Notizen darunter.

6 Lege nun für jedes Teilthema eine Karteikarte an.
a. Schreibe auf die oberste Linie jeweils die Überschrift des Teilthemas.
b. Schreibe die wichtigen Informationen darunter.

Zahlen und Daten
• größte spanische Insel im Mittelmeer
• zwischen 39. und 40. Breitengrad
•

7 In welcher Reihenfolge möchtest du die Informationen vortragen?
Nummeriere deine Karteikarten in dieser Reihenfolge.
Tipp: Beginne mit dem Teilthema, das für deine Zuhörer besonders interessant ist.

Der Hauptteil des Referats ist nun erarbeitet. Jetzt fehlt noch eine Einleitung. Damit führst du in das Thema ein.

8 a. Ergänze für die Einleitung die folgenden Lückensätze.
Die Wortgruppen in der Randspalte helfen dir.
b. Schreibe dann den Text der Einleitung auf eine neue Karteikarte.
c. Ordne sie vor dem Hauptteil ein.

ein Drittel
ein beliebtes Reiseziel
sieben Millionen Menschen
diese Urlaubsinsel

Die Insel Mallorca ist ______________________.

Jedes Jahr verbringen ______________________

ihren Urlaub auf dieser Insel. Mehr als ____________ davon reist

aus Deutschland an. In meinem Referat möchte ich euch über

______________ informieren.

Das Referat braucht noch einen Schluss. Dort kannst du zum Beispiel die Antwort auf folgende Frage zusammenfassen:
Warum ist Mallorca als Reiseziel so beliebt?

nicht nur die Nähe zu Deutschland
abwechslungsreiche Natur
verschiedene Freizeitmöglichkeiten

9 Lege für den Schluss eine neue Karteikarte an.
Beantworte die Frage in vollständigen Sätzen.
Die Wortgruppen in der Randspalte helfen dir.
Tipp: Du kannst auch einen eigenen Schluss schreiben.

5. Schritt: Das Referat anschaulich machen

Für das Referat kannst du zum Beispiel eine Landkarte der Balearen benutzen. So können sich die Zuhörerinnen und Zuhörer besser vorstellen, worüber du in deinem Vortrag sprichst.

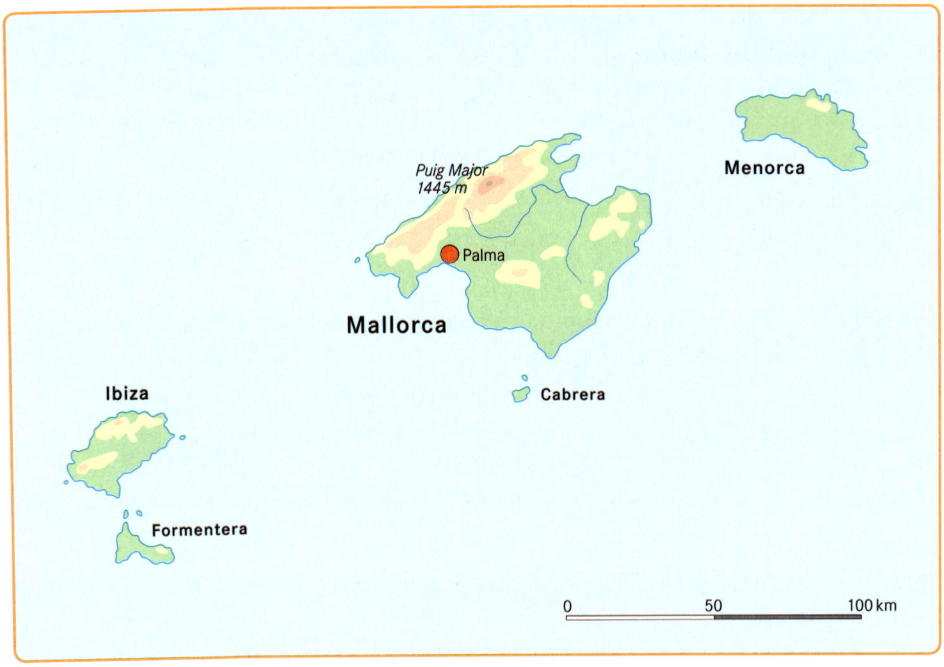

10 Einige Informationen aus dem Referat kannst du mit Hilfe der Karte veranschaulichen.
Lies noch einmal deine Notizen auf den Karteikarten.
Markiere dort mindestens drei Stellen, an denen du auf die Karte verweisen kannst.
Tipp: Schreibe an die passenden Stellen „L" (für Landkarte) auf die Karteikarten.

6. Schritt: Das Referat üben

Wissenswertes zu Referaten S. 74–75

11 Übe nun, dein Referat möglichst frei vorzutragen.
Die folgenden Tipps helfen dir dabei.

Tipp 1: Präge dir wichtige Gliederungspunkte ein.
- Lies dir deine Karteikarten mehrmals gut durch.
- Lerne die Einleitung und den Schluss des Referats auswendig.
- Merke dir die Reihenfolge deiner Teilthemen.

Tipp 2: Bereite vor, wie du deinen Vortrag sprechen und betonen möchtest.
- Unterstreiche wichtige Wörter, die du besonders betonen möchtest.
- Markiere Stellen, an denen du eine Pause machen möchtest, z. B. um Anschauungsmaterial zu zeigen.

Tipp 3: Übe, deinen Vortrag einmal zusammenhängend vorzutragen.
- Sprich in ganzen Sätzen. Sprich nicht zu schnell.
- Übe, nicht immer auf deine Notizen zu schauen.

Tipp 4: Lege vor dem Vortrag alle Materialien bereit.
Tipp 5: Nimm dir Zeit für eine Entspannungsübung.

Tipp: Eine Entspannungsübung:
- **Setze dich ruhig hin.**
- **Schließe die Augen.**
- **Atme mehrmals tief ein und wieder aus.**

Prüfungsaufgaben verstehen und lösen

Tipp: Denke daran, auf jedes Prüfungsblatt deinen Namen zu schreiben.

In diesem Kapitel übst du, wie du die Aufgaben der Abschlussprüfung im Fach Deutsch verstehen und lösen kannst.
Zu Beginn der Abschlussprüfung bekommst du mehrere Blätter mit Prüfungsaufgaben.
Auf diesen Prüfungsblättern findest du:

- die Überschrift bzw. das Thema der Prüfung,
- eine zentrale Aufgabe,
- Sachtexte,
- die Aufgaben 1, 2, 3 und 4.

Prüfungblätter

In diesem Kapitel kannst du den Inhalt der Prüfungszettel auf dem blauen Hintergrund lesen.

Lösungshilfen und Tipps

Die Schritte, Aufgaben und Tipps helfen dir, die Aufgaben auf den Prüfungszetteln zu verstehen.

Prüfungsaufgaben lösen

In die schwarz umrandeten Kästen kannst du die Lösungen der Prüfungsaufgaben schreiben.

1. Schritt: Die ersten Prüfungsblätter lesen

1 Lies die folgenden Prüfungsblätter.

Epidemien

Zentrale Aufgabe

Aufgabe
Für ein Informationsblatt, das in der Schule ausgehängt wird, sollst du einen Text über die Gefahren von Epidemien sowie deren Ursachen und Vermeidung schreiben (Aufgabe 4). Die Aufgaben 1–3 helfen dir dabei. Daher musst du sie zuerst bearbeiten.
Als Informationsgrundlage bekommst du die Texte „Epidemien" und „Auszug aus dem Notfallplan für Deutschland" und die Schaubilder „Folgen des fehlenden Impfschutzes" und „Weltweite Grippe-Pandemien".
Du darfst bei allen Aufgaben ein Wörterbuch benutzen.
Bearbeitungszeit: 135 Minuten

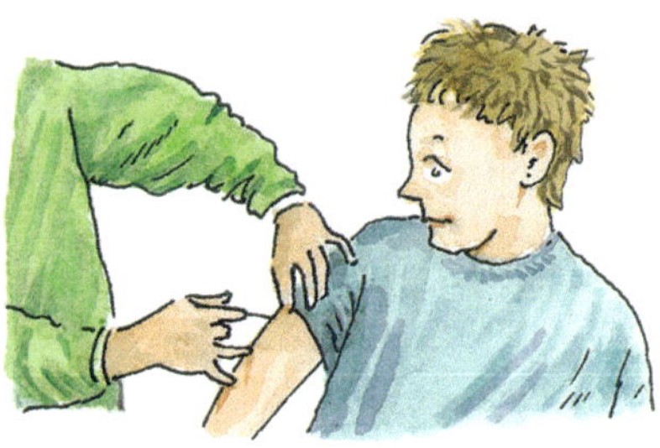

Was ist eine Epidemie?

Von einer Epidemie spricht man, wenn innerhalb eines Gebietes eine Krankheit ungewöhnlich häufig auftritt. Eine Epidemie, die auf mehrere Länder oder Kontinente übergreift, nennt man Pandemie.
Historische Funde belegen, dass die Menschheit immer wieder von Epidemien bedroht wurde. Pest, Cholera, Grippe, Pocken und viele andere Krankheiten minimierten in vergangenen Jahrhunderten die Bevölkerungszahlen immer wieder erheblich. Damals kannten die Menschen die Ursachen für den Ausbruch der Krankheiten nicht. Sie wussten auch nicht, wie Krankheiten übertragen werden.

Deshalb konnten sich Infektionen ungehindert ausbreiten. So starben im 14. Jahrhundert 25 Millionen Menschen am „Schwarzen Tod“, wie die große europäische Pest-Epidemie bezeichnet wird. Das war etwa ein Drittel der damaligen europäischen Bevölkerung.

Manche Bakterien sind Krankheitserreger

Im Zeitalter der Aufklärung begannen die Menschen nach den Ursachen für die Krankheiten zu suchen. Ende des 17. Jahrhunderts entdeckte ein niederländischer Naturforscher im Speichel winzige, einzellige Lebewesen, die Bakterien. Erst als man erkannte, dass die Bakterien auch Krankheiten auslösen können, konnte man Hygienevorschriften ausarbeiten. Beispielsweise sollte Trinkwasser vor dem Gebrauch abgekocht werden. Erste Impfstoffe wurden entwickelt, z. B. gegen Tollwut und Milzbrand. Die Forscher fanden heraus, dass die Krankheitserreger über die Luft durch Tröpfcheninfektionen, über Tiere, wie z. B. den Rattenfloh, und durch mangelnde Hygiene von Mensch zu Mensch übertragen werden können. Weitere Entdeckungen und Erfindungen aus dem Bereich der Medizin, Biologie und Chemie führten zur Entwicklung immer wirksamerer Diagnoseverfahren. So konnte man Krankheiten schneller und genauer erkennen und bestimmen. Mit Hilfe von Impfstoffen ließen sich in vielen Teilen der Erde bestimmte Krankheiten ganz oder beinahe ausrotten.

Die Entdeckung des Virus

Ende des 19. Jahrhunderts entdeckte man einen weiteren Krankheitserreger: das Virus. Da Viren vielfach kleiner sind als Bakterien, konnte man sie mit den vorher üblichen Mikroskopen nicht erkennen. Durch die Viren verursachte Krankheiten können sich rasch zu einer Pandemie entwickeln.
Auch Pocken sind schon eine viele tausend Jahre alte Erkrankung. Die Mumie von Pharao Ramses V., der vor mehr als dreitausend Jahren lebte, zeigt deutliche Spuren von Pockennarben. Pockenepidemien waren bereits 1000 v. Chr. in China, Indien und den arabischen Ländern bekannt.
Ob Viren Lebewesen sind oder nicht, darüber diskutieren die Wissenschaftler immer noch. Allen Viren ist gemeinsam, dass sie sich ohne eine Wirtszelle nicht vermehren können, da sie keinen eigenen Stoffwechsel haben. Sie befallen eine Körperzelle und zwingen sie, neue Viren zu produzieren.

Die Gefahr einer neuen Epidemie besteht immer

Auch heutzutage gibt es noch Epidemien und Pandemien, die durch Viren verursacht werden. So schätzt man für das Jahr 2005 allein in Afrika die Zahl der mit dem AIDS-Virus Infizierten auf 26 Millionen Menschen. Unter den Infizierten sind viele Kinder, die schon bei der Geburt das Virus in sich tragen.
Auch Grippe, Influenza genannt, ist eine Erkrankung, die durch Viren ausgelöst wird. Im 20. Jahrhundert gab es drei große Grippe-Pandemien, bei denen weltweit sehr viele Menschen starben.
Eine Grippe-Epidemie stellt immer wieder eine Gefahr für die Weltgesundheit dar. Durch die Reisetätigkeit des Menschen können sich die Viren heute noch schneller verbreiten, und auch viele Vögel können die Grippeviren über weite Strecken hinweg übertragen.
Als besonders riskant wird die Möglichkeit angesehen, dass sich das menschliche Grippevirus mit dem Erreger der Vogelgrippe vermischt und so ein „Supervirus“, auch Pandemievirus genannt, entstehen könnte, das von Mensch zu Mensch übertragbar wäre.
Die Vogelgrippe ist eine Tierseuche, die weltweit schon Millionen von Vögeln das Leben gekostet hat. Sie starben oder sie wurden notgeschlachtet, damit sich die Tierseuche nicht ausbreitet.
Zu Beginn des Jahres 2006 wurden in mehreren Teilen Deutschlands Vögel und auch Säugetiere (z. B. Katzen) gefunden, die mit dem Vogelgrippevirus infiziert waren. Die Furcht wächst, dass sich der H5N1, wie das Vogelgrippevirus genannt wird, verändern und somit auch für die Menschen gefährlich werden könnte. Da sich Grippeviren verändern, forschen die Wissenschaftler nach neuen Impfstoffen.
Die Weltgesundheitsorganisation WHO sammelt die Daten über die Krankheiten in aller Welt und entwirft Konzepte zur Bekämpfung der Seuchen.

Auszug aus dem Notfallplan für Deutschland

Das Robert-Koch-Institut erarbeitete für den Fall einer Influenza-Pandemie einen Notfallplan für Deutschland.

Zu den allgemeinen Hygieneregeln, die propagiert werden sollten, zählen u. a.:
- das Vermeiden von Händegeben, Anhusten, Anniesen,
- das Vermeiden von Berührung der Augen, der Nase oder des Mundes,
- die Benutzung und sichere Entsorgung von Einmaltaschentüchern,
- eine gute Raumbelüftung,
- gründliches Händewaschen nach Personenkontakten, nach der Benutzung von Sanitäreinrichtungen und vor der Nahrungsaufnahme,
- Vermeidung von Kontakten erkrankter Personen mit Säuglingen und Kleinkindern,
- die Empfehlung für fieberhaft Erkrankte, im eigenen Interesse zu Hause zu bleiben, um weitere Ansteckungen zu verhindern,
- die Vermeidung von engen Kontakten mit möglicherweise erkrankten Personen,
- der Verzicht auf den Besuch von Theatern, Kinos, Diskotheken, Märkten, Kaufhäusern sowie die Vermeidung von Massenansammlungen,
- wenn erforderlich, das Tragen eines einfachen Mund-Nasen-Schutzes in der Öffentlichkeit.

2. Schritt: Das Thema der Prüfung erkennen und verstehen

Auf dem ersten Prüfungsblatt wird zuerst das Thema genannt, mit dem du dich bei deiner Abschlussprüfung beschäftigen wirst.

2 Wie heißt das Thema der Abschlussprüfung?
Schreibe einen vollständigen Satz auf die Linie.

____

____

3. Schritt: Die zentrale Aufgabe lesen und verstehen

Du musst die zentrale Prüfungsaufgabe genau verstehen. Das ist wichtig, damit du sie später richtig lösen kannst.

Aufforderungen sind zum Beispiel:
musst … lesen
sollst … schreiben
musst … zählen

Informationsblatt
Epidemien
schreiben
Ursachen
Vermeidung

3 a. Lies die zentrale Aufgabe auf Seite 16 noch einmal.
b. Markiere zuerst die Aufforderung (Zeile 1–3).
c. Gib nun mit eigenen Worten wieder, was du tun sollst. Vervollständige dazu den folgenden Satz mit Hilfe der Wörter aus der Randspalte.

Für ein ____________________, das in der Schule ausgehängt wird,

soll ich einen Text ________________, der über ________________ und

Gefahren von ________________ sowie deren ________________

informiert.

4. Schritt: Die weiteren Prüfungsblätter lesen und verstehen

Die Prüfungsaufgaben 1, 2 und 3 helfen dir bei der Lösung der zentralen Aufgabe. Bei Aufgabe 3 bekommst du noch zusätzliche Informationen.

4 Lies die nächsten Prüfungsblätter.

Aufgabe

1. Du musst den Text und die Fragen genau lesen.
   Kreuze dann die richtige Antwort an.

1. Von einer Epidemie spricht man, wenn		
A	○	eine Tierseuche auf die Menschen übergreift.
B	○	innerhalb eines Gebietes eine Krankheit ungewöhnlich häufig auftritt.
C	○	eine Krankheit plötzlich ausbricht.
2. Seit der Entdeckung der Bakterien im 17. Jahrhundert		
A	○	erkannte man die Bedeutung der Hygienemaßnahmen für die Gesundheit.
B	○	wird das Trinkwasser immer abgekocht.
C	○	wurden keine Krankheiten mehr entdeckt.
3. Historische Funde belegen,		
A	○	dass bereits vor mehreren tausend Jahren Menschen an Pocken erkrankten.
B	○	dass Pocken für den Untergang der alten Indianerkulturen verantwortlich sind.
C	○	dass Viren keine Lebewesen sind.
4. Pharao Ramses erkrankte an		
A	○	Cholera.
B	○	Pest.
C	○	Pocken.
5. Viren		
A	○	haben einen eigenen Stoffwechsel.
B	○	können sich nur in einer Wirtszelle vermehren.
C	○	wurden bereits vor der Entdeckung der Bakterien bekannt.
6. Tierseuchen wie die Vogelgrippe		
A	○	werden nur für Geflügel gefährlich.
B	○	können auch für die Menschen sehr gefährlich werden.
C	○	bedeuten deshalb für die Menschen eine Gefahr, weil sich die Viren ständig verändern und es zur Entwicklung eines auch für den Menschen gefährlichen Virus kommen könnte.
7. Die Verbreitung ansteckender Krankheiten		
A	○	wird nur durch die Reisenden verursacht.
B	○	kann durch Impfungen verhindert werden.
C	○	lässt sich nicht aufhalten.
8. Im Fall einer Influenza-Epidemie		
A	○	ist ein Theaterbesuch zu empfehlen.
B	○	sollen Körperkontakte wie Händegeben vermieden werden.
C	○	ist man durch das Tragen eines Mund-Nase-Schutzes ausreichend vor der Ansteckung geschützt.
9. Hygieneregeln		
A	○	gelten nur bei Besuchen in Diskotheken, Kinos und Märkten.
B	○	sind nur von den Erkrankten zu befolgen, um eine Ansteckung anderer zu verhindern.
C	○	sollen im Fall einer Influenza-Epidemie von der gesamten Bevölkerung befolgt werden.

Aufgaben

2. Warum sind Viruskrankheiten früher wie heute eine Gefahr für die Menschheit?
   Stelle die Gründe übersichtlich in Stichworten dar.
   (Mind-Map, Gliederung, Cluster, ...)

3. Erkläre die Aussage dieser Textstelle anhand des passenden Schaubildes.

   Im 20. Jahrhundert gab es drei große Grippe-Pandemien, bei denen weltweit sehr viele Menschen starben.

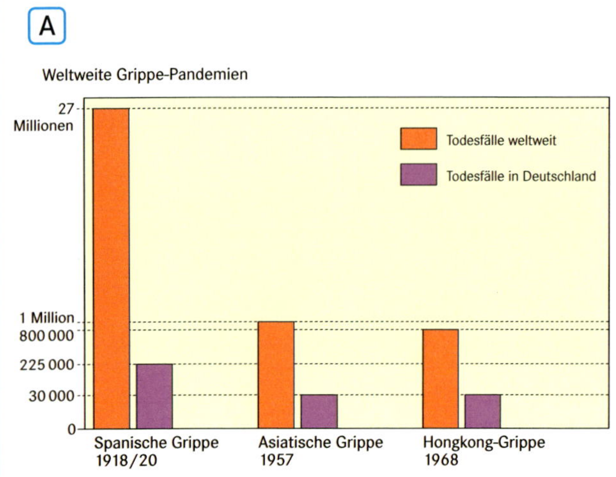

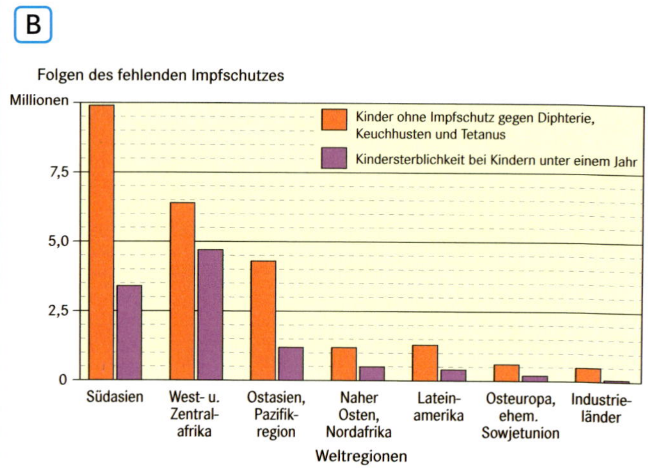

5. Schritt: Die drei vorbereitenden Aufgaben verstehen

Um später die zentrale Aufgabe lösen zu können, musst du zuerst die drei vorbereitenden Prüfungsaufgaben lösen.

5 Markiere die Aufforderungen in den vorbereitenden Prüfungsaufgaben 1, 2 und 3 auf den Prüfungsblättern auf Seite 19 bis 20.

Für die Lösungen der Aufgaben 1, 2 und 3 benötigst du die Informationen aus den Texten und Schaubildern.

6 Schreibe die Überschriften der Texte und der Schaubilder auf.

Der erste Text hat die Überschrift: ______________________

Der zweite Text hat die Überschrift: ______________________

____

Das erste Schaubild hat die Überschrift: ______________________

Das zweite Schaubild hat die Überschrift: ______________________

____

6. Schritt: Die drei vorbereitenden Prüfungsaufgaben lösen

Für die Lösung der Aufgabe 1 musst du Informationen aus beiden Texten entnehmen.

7 a. Lies die beiden Texte auf den Prüfungsblättern mit Hilfe des Textknackers.
b. Beantworte die folgenden Fragen:

- Was sagen die Überschriften über den Inhalt der Texte? Schreibe deine Vermutung auf.

1. Text: ______________________________

____

2. Text: ______________________________

____

- In wie viele Absätze sind die Texte gegliedert? Nummeriere in beiden Texten die Absätze.
- Wie könnten passende Zwischenüberschriften zu den Absätzen lauten? Lege ein Blatt Papier neben den Text. Schreibe die passenden Zwischenüberschriften auf das Blatt.
- Welche Schlüsselwörter gibt es in den beiden Texten? Unterstreiche sie.
- Hast du einige Wörter nicht verstanden? Schlage sie im Lexikon oder Wörterbuch nach. Schreibe die Wörter und ihre Erklärungen auf. Zwei Erläuterungen findest du im Rand.

____

____

____

____

____

____

____

____

Wissenswertes zum Textknacker S. 74

E|pi|de|mie, *die;* ansteckende Massenerkrankung in einem begrenzten Gebiet
Pan|de|mie, *die;* ganze Länder erfassende ansteckende Krankheit oder Seuche

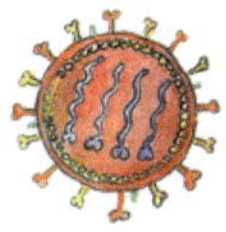
das Influenzavirus

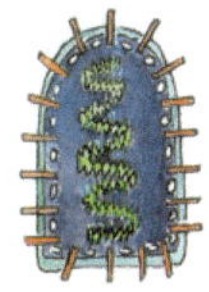
das Tollwutvirus

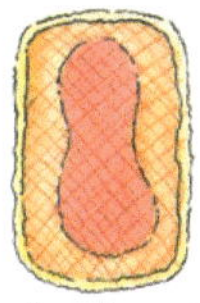
das Pockenvirus

8 Löse nun die Prüfungsaufgabe 1 auf dem Prüfungsblatt auf Seite 19.

Prüfungsaufgaben verstehen und lösen

Die Prüfungsaufgabe 2 besteht aus zwei Sätzen. Der erste Satz sagt dir, nach welcher Information du im ersten Text suchen sollst. Der zweite Satz sagt dir, in welcher Form du die Informationen wiedergeben sollst.

9 Vervollständige den folgenden Text.
Die Wörter in der Randspalte helfen dir.

herausfinden	Stichworten
Viruskrankheiten	Mind-Map
Menschheit	Gliederung
Gründe	Cluster

Ich soll ____________, warum die ____________ früher wie heute eine Gefahr für die ____________ sind.

Die ____________ soll ich übersichtlich in ____________ darstellen. Ich kann selbst entscheiden, ob ich die Stichworte in einer ____________, in einem ____________ oder in einer ____________ anordne oder ob ich eine andere Darstellungsform wähle.

Hier kannst du üben, wie man die Information in einer Mind-Map übersichtlich anordnet.

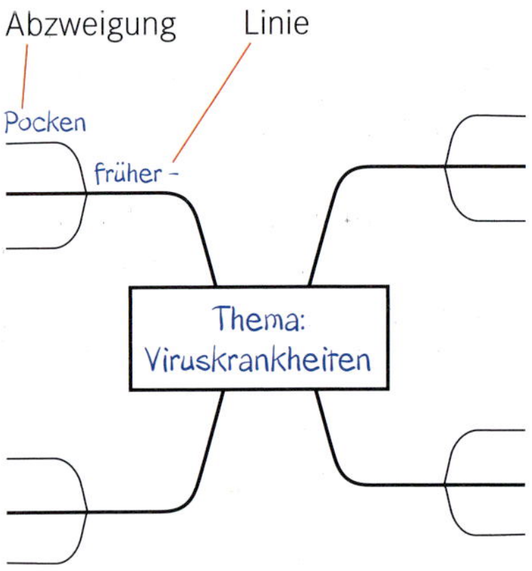

Das Thema befindet sich in der Mitte der Mind-Map.
Die Schwerpunkte schreibt man auf die **Linien**.
Auf die **Abzweigungen** von den Linien schreibt man Unterpunkte, wichtige Informationen und Daten.

10 Suche im Text nach Stichworten und Daten, die belegen, dass die Viruskrankheiten früher wie heute eine Gefahr für die Menschheit sind. Unterstreiche diese Stichworte und Daten.

11 Löse nun die Prüfungsaufgabe 2.
Lege dazu hier eine Mind-Map an.

▶ Wissenswertes zur Mind-Map S. 75

In der Prüfungsaufgabe 3 sollst du eine Textstelle mit einem Schaubild erklären.

12 a. Lies die Prüfungsaufgabe 3 genau.
b. Unterstreiche in der Textstelle die Schlüsselwörter.
c. Beantworte die folgende Frage:

- In welchem Jahrhundert gab es drei große Grippe-Pandemien?

____

Nun musst du das Schaubild auswählen, das zu der Textstelle passt.

13 a. Lies die Überschriften der beiden Schaubilder.
b. Welches Schaubild passt zu der Textstelle?
Kreuze an.

☐ Schaubild A ☐ Schaubild B

14 Beantworte nun zum passenden Schaubild die folgenden Fragen:

- Worum geht es in diesem Schaubild? Schreibe Stichworte auf.

____

____

- Was wird auf der waagerechten Achse dargestellt? Schreibe es auf.

____

- Was wird auf der senkrechten Achse dargestellt? Schreibe es auf.

____

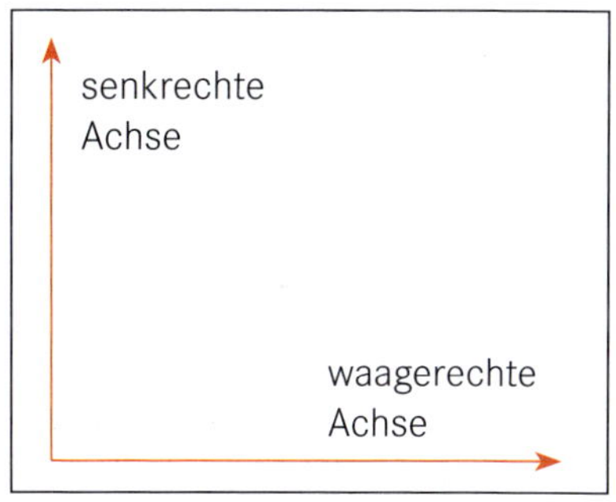

15 a. Betrachte nun die Säulen im Schaubild genauer.
b. Beantworte die folgenden Fragen in Stichworten:

- Wie hießen die drei großen Grippe-Pandemien?

____

- Bei welcher Grippe-Pandemie starben etwa eine Million Menschen?

____

- Wie viele Menschen starben in Deutschland bei den drei Grippe-Pandemien?

____

16 Stelle nun den Zusammenhang zwischen der Textstelle und dem Inhalt des Schaubildes dar.
Ergänze dazu die Textstelle mit genauen Informationen aus dem Schaubild.

Textstelle	Genaue Angaben
Im 20. Jahrhundert gab es drei große Grippe-Pandemien, bei denen weltweit sehr viele Menschen starben.	

Arbeitsbedingungen während der Hongkong-Grippe

17 Löse nun die Prüfungsaufgabe 3 auf dem Prüfungszettel auf Seite 20. Schreibe dazu einen zusammenhängenden Text über die Folgen von Grippe-Pandemien.

7. Schritt: Die Prüfungsaufgabe 4 und damit die zentrale Aufgabe lösen

Die zentrale Aufgabe wird immer am Anfang einer Prüfung gestellt. In der Prüfungsaufgabe 4 wird sie noch einmal genauer erklärt.

18 Lies die Prüfungsaufgabe 4 genau.

Aufgabe

4. Du möchtest deine Mitschülerinnen und Mitschüler über die Ursachen und Gefahren von Viruskrankheiten informieren.
Verfasse einen Text für ein Informationsblatt, das in der Schule ausgehängt wird. Nutze dabei die erarbeiteten Informationen. Du kannst das Schaubild zur Illustration verwenden.
Dein Text soll mindestens eine Seite umfassen. Achte auf die richtige Schreibung. Sie wird auch bewertet.

19 Beantworte die folgenden Fragen in Stichworten:

- Wen soll ich über die Ursachen und Gefahren von Viruskrankheiten informieren?

___

- Wofür soll ich meinen Text verfassen?

___

- Wie lang soll der Text mindestens sein?

___

- Welche Rolle spielt die Rechtschreibung bei der Bewertung?

___

20 Bereite nun die Lösung der zentralen Aufgabe vor:
- Überlege, welche Schwerpunkte dein Informationsblatt enthalten soll.
- Lies dazu noch einmal deine Lösungen zu den vorbereitenden Aufgaben 1, 2 und 3.
- Notiere dann in deinem Heft Stichworte zu den einzelnen Schwerpunkten.
- Entscheide, wie dein Informationsblatt aussehen soll.
- Nimm dazu ein unliniertes Blatt und entwirf die erste Skizze. Das Beispiel in der Randspalte dient dir als Anregung.
- Wähle eine Überschrift, mit der du deine Leserinnen und Leser auf das Thema des Informationsblattes neugierig machst.
- Schreibe die Überschrift auf dein Blatt.

Tipps:
- **Du kannst das Informationsblatt zum Schluss am Computer gestalten.**
- **Du kannst dein Informationsblatt in der Klasse aushängen.**

21 Löse nun die zentrale Aufgabe der Abschlussprüfung: Schreibe das Informationsblatt in dein Heft.

Einen offiziellen Brief schreiben

Sich mit einem offiziellen Brief bewerben

Tipp: Schreibe offizielle Briefe möglichst immer mit dem Computer.

Offizielle Briefe schreibt man meist an Menschen, die man nicht persönlich kennt: Sie arbeiten z. B. in Vereinen, in Personalabteilungen von Betrieben oder in Behörden.

1 Schreibe auf, wer der Empfänger deines offiziellen Briefes sein könnte.

eine Angestellte in einem Reisebüro, ____________________

____

Schreibpapier ist genormt, das heißt, es hat immer dieselbe Größe. DIN A 4 ist die Norm für Briefbögen. (DIN bedeutet „Deutsche Industrie-Norm".)

Papierart: weiß und unliniert und auch ohne Karos

Umschläge sind genormt. Für Briefe auf Schreibpapier in DIN A 4 verwendet man einen Briefumschlag in der Größe DIN C 4. Ein offizieller Brief sollte nicht geknickt werden.

Auch ein Bewerbungsschreiben wird als offizieller Brief verfasst. Du musst dabei einige formale Dinge beachten. Die folgenden Tipps helfen dir dabei.

Tipp 1: Benutze das richtige Papier und einen passenden Briefumschlag.

2 Trage in die Lücken der folgenden Sätze die richtigen Wortgruppen ein. Die Informationen in der Randspalte helfen dir dabei.

Das Blatt Papier muss die Größe ____________ haben. Für einen offiziellen Brief sollte man ______________________________ benutzen. Die Größe des passenden Umschlags für ____________ Schreibpapier ist ____________, denn ein Bewerbungsschreiben sollte möglichst nicht ____________ werden.

Tipp 2: Achte darauf, dass dein Bewerbungsschreiben als offizieller Brief alle notwendigen Angaben enthält.

3 Beantworte folgende Fragen in Stichworten.
Die nötigen Informationen findest du in der Randspalte.

Was muss ein offizieller Brief enthalten?

Absender ______________________________

____

Wo steht der Absender?
Wo stehen Name und Adresse des Empfängers?

____

____

Wo stehen Ort und Datum?

____

____

Was steht in der so genannten Betreffzeile?

____

____

____

Wo steht die Anrede?

____

Wo steht der Gruß?

____

____

Wo steht, welche Anlagen der Bewerbung hinzugefügt werden?

____

____

Ein offizieller Brief muss immer enthalten: Absender, Empfänger, Betreffzeile, Datum, Anrede, Text, Gruß, eigenhändige Unterschrift (mit der Hand geschrieben)

Absender: linke obere Ecke des Briefbogens
Empfänger: nach zwei Leerzeilen unter dem Absender

Anrede: unter der Betreffzeile

Anlagen, die dem Brief beigelegt werden, am Schluss des Briefes unter dem Gruß aufzählen: z. B. Lebenslauf
Kopie des letzten Schulzeugnisses
...

Ort und **Datum:** neben der Absender-Adresse, auf der rechten Seite des Briefes

Gruß: nach einer Leerzeile unter dem Text, auf der linken Seite

Betreffzeile: stichwortartiger Hinweis, worum es in dem Brief geht, danach zwei Leerzeilen. „Betreff" ist das Nomen zu dem Verb „betreffen".

Tipp 3: Mache in der Betreffzeile genaue stichwortartige Angaben.

Betreffzeilen

Betriebspraktikum im Mai 2006 / Bewerbung um einen Praktikumsplatz als Helfer in Ihrer Kindertagesstätte	Ihre Anzeige im Stadtanzeiger vom 28. 02. 2006 / Bewerbung um einen Ausbildungsplatz als Bäckerin

4 Diese Betreffzeilen passen zu den folgenden Erklärungen.
a. Markiere in den Sätzen die Wortgruppen, die für die Betreffzeile wichtig sind.
b. Ordne jeder ausführlichen Erklärung jeweils die passende Betreffzeile zu. Schreibe sie auf die Linien.

In einer Anzeige im „Stadtanzeiger“ vom 28. Februar 2006 haben Sie geschrieben, dass Sie zum September dieses Jahres noch eine Auszubildende suchen. Ich möchte mich deshalb um einen Ausbildungsplatz als Bäckerin bewerben.

____

____

Im Mai 2006 finden für die Schülerinnen und Schüler unserer Schule die Betriebspraktika statt. Ich möchte mich um einen Praktikumsplatz als Helfer in Ihrer Kindertagesstätte bewerben.

____

____

Tipp 4: Wähle für dein Bewerbungsschreiben eine passende Anrede.

5 Ordne den folgenden Bewerbungsschreiben eine geeignete Anrede aus der Randspalte zu.
Schreibe die Ziffern jeweils vor die geeignete Anrede.

- ☐ Sehr geehrte Frau König
- ☐ Sehr geehrter Herr Demirel
- ☐ Sehr geehrte Damen und Herren

1 Du kennst den Namen der Inhaberin der Firma.

2 Du wendest dich an die Personalabteilung und kennst die Namen der Mitarbeiter oder Mitarbeiterinnen nicht.

3 Du kennst den Namen des Personalchefs des Betriebes.

Tipp 5: Gib zum Schluss an, welche Anlagen du deiner Bewerbung beilegst.

6 Kreuze an, welche Anlagen zu einem Bewerbungsschreiben gehören.

- ☐ ein Lichtbild
- ☐ das Versetzungszeugnis aus der 6. Klasse
- ☐ eine Kopie des Impfausweises
- ☐ ein Lebenslauf
- ☐ das Halbjahreszeugnis des 8. Schuljahrs

Hier kannst du nun dein eigenes Bewerbungsschreiben als offiziellen Brief verfassen.

7 Den Text deines Bewerbungsschreibens hast du bereits geschrieben.
Gib nun deinem offiziellen Brief die richtige Form.
a. Lies die Angaben in der Randspalte.
b. Trage jede Angabe an die richtige Stelle deines offiziellen Briefes ein.

in der Brucker Zeitung habe ich Ihr Ausbildungsangebot gelesen. Deshalb bewerbe ich mich hiermit um e… Aus… …platz als Metzger.

Ich würde mich sehr freuen, we… …nnen in nächster Zeit persönlich vorstellen könnte.

Sehr geehrter Herr Mett,

Anlagen:
- Lebenslauf
- Lichtbild
- Halbjahreszeugnis des 8. Schuljahres

Ihre Anzeige in der Brucker Zeitung vom 12. 04. 2006 / Bewerbung um einen Ausbildungsplatz

Mit freundlichen Grüßen

Fleischerei Mett
Wursthausstr. 5
77777 Sülzdorf

Ben Hellwig
Grabenstr. 2
77775 Bruck
Tel.: (0 78 78) 13 46

13. 04. 2006

Eigenhändige Unterschrift

Tipps:
- Schreibe in Reinschrift. Noch besser ist es, wenn du den Computer benutzt.
- Achte auf die besondere Form des Briefes.
- Halte die Zeilenabstände ein.
- Überprüfe die Rechtschreibung.
- Achte darauf, die Anrede Sie/Ihnen/Ihre … immer großzuschreiben.

8 Schreibe nun deinen offiziellen Brief noch einmal vollständig auf.

Einen ausführlichen Lebenslauf überarbeiten

Manchmal verlangen Praktikumsbetriebe einen ausführlichen Lebenslauf. Man schreibt ihn in vollständigen Sätzen. Dennis hat einen ausführlichen Lebenslauf geschrieben.

Achtung: 3 Fehler

Lebenslauf

☐ Mein Name ist Dennis Köster. ☐ Ich wurde am 4. 9. 1991 in Heidelberg geboren. ☐ Ich habe dunkle Haare und Schuhgröße 42. ☐ Mein Vater heißt Herbert Köster. ☐ Er wurde 1960 gebohren. ☐ Er ist Gärtner. ☐ Meine Mutter heißt Maria Köster, geb. Lücke. ☐ Sie wurde 1962 geboren. ☐ Sie ist Hausfrau. ☐ Ich habe eine Schwester. ☐ Sie heißt Angela. ☐ Sie wurde 1985 geboren. ☐ Meine Großeltern leben noch. ☐ Mit meinem Großvater gehe ich manchmal angeln. ☐ Ich kam 1998 in die Grundschule. ☐ Ich wechselte im August 2002 zur Hauptschule in Heidelberg. ☐ Ich spiele in meiner Freizeit Gitarre. ☐ Ich habe einen netten Gitarrenlehrer. ☐ Bald spiele ich in einer Band. ☐ Ich werde voraussichtlich 2007 die Schule mit dem Hauptschulabschluß beenden. ☐ Ich würde später gern als technischer zeichner arbeiten. ☐ Mein Lieblingsfach ist Technik. ☐ Im letzten Sommer habe ich an einem dreiwöchigen Computerkurs teilgenommen. ☐ Im Kurs waren 20 Jugendliche. ☐ Da hat es mir gut gefallen.

Checkliste
Ein Lebenslauf soll folgende Angaben enthalten:
- Name
- Geburtsdatum/Geburtsort
- Angaben zu Eltern und Geschwistern
- Angaben zur Schulbildung (Wo? Von wann bis wann?)
- Lieblingsfächer
- besondere Kenntnisse
- Hobbys
- Berufswunsch

Auch beim ausführlichen Lebenslauf muss man besondere Tipps beachten. Überarbeite Dennis' Lebenslauf mit Hilfe der Tipps.

Tipp 1: Schreibe nur die wichtigen Angaben in den Lebenslauf.

1 a. Welche Angaben in Dennis' Lebenslauf sind wichtig? Markiere sie.
Tipp: Die Checkliste in der Randspalte hilft dir.
b. Welche Angaben sind unwichtig? Streiche sie durch.

Tipp 2: Schreibe die Angaben in der richtigen Reihenfolge auf.

2 Zwei wichtige Angaben in Dennis' Lebenslauf stehen nicht an der richtigen Stelle.
Nummeriere die Sätze in der richtigen Reihenfolge.
Tipp: Die Reihenfolge der Angaben ist in der Checkliste vorgegeben.

**Tipp 3: Gestalte die Satzanfänge abwechslungsreich.
Stelle dazu einzelne Wörter und Wortgruppen um.**

3 In Dennis' Lebenslauf fangen viele Sätze mit Ich an.
Stelle in den Sätzen aus der Randspalte die Wörter und Wortgruppen um.
Schreibe die veränderten Sätze auf die Linien.

1. 1998 kam ich

2. Im August

3.

4.

1. Ich kam 1998 in die Grundschule.
2. Ich wechselte im August 2002 zur Hauptschule in Heidelberg.
3. Ich werde voraussichtlich 2007 die Schule mit dem Hauptschulabschluss beenden.
4. Ich spiele in meiner Freizeit Gitarre.

Tipp 4: Verbinde kurze Sätze durch und miteinander.

4 Lies noch einmal die Sätze über Dennis' Eltern.
Verbinde kurze Sätze mit und.
Schreibe sie auf die Linien.

Mein Vater heißt Herbert Köster. Er wurde 1960 geboren und

Meine Mutter heißt Maria Köster, geb. Lücke. Sie wurde

Tipp 5: Überprüfe zum Schluss die Rechtschreibung.

5 Dennis hat in seinem Lebenslauf drei Rechtschreibfehler gemacht.
a. Finde die Fehlerwörter. Streiche sie durch.
b. Schreibe jedes Wort richtig auf die Linie.

Tipp: Wichtige Dokumente (z. B. Geburtsurkunde, Zeugnisse, Praktikumsnachweise) sammelst du am besten in einer Dokumentenmappe.

Nun kannst du den überarbeiteten Lebenslauf aufschreiben.

6 Schreibe Dennis' Lebenslauf in dein Heft. Beachte dabei die Tipps.

7 a. Schreibe nun deinen eigenen ausführlichen Lebenslauf mit dem Computer.
b. Drucke ein Exemplar aus und hefte es in deiner Dokumentenmappe ab.
c. Speichere die Datei, damit du sie später wieder verwenden kannst.
Tipp: Denke daran, das Datum und deine Unterschrift unter deinen ausführlichen Lebenslauf zu setzen.

Beschreiben

Einen Arbeitsvorgang beschreiben

In eine Praktikumsmappe gehören neben Tagesberichten auch Beschreibungen wichtiger Arbeitsvorgänge.

Hauke hat sein Betriebspraktikum in einer Kindertagesstätte gemacht. Dort hat er gelernt, wie Kleinkinder gewickelt werden. Beschreibe diesen Arbeitsvorgang für Haukes Praktikumsmappe. Die Tipps helfen dir dabei.

Tipp 1: Schreibe in der Überschrift auf, um welchen Arbeitsvorgang es sich handelt.

Wie Kleinkinder gewickelt werden
Auf diese Überschrift folgt eine Beschreibung im Passiv mit einer Form von werden.

So kannst du die Klamotten von Kiddies wechseln
Auf diese Überschrift folgt eine Beschreibung im Aktiv mit du.

So kann man ein Kleinkind wickeln
Auf diese Überschrift folgt eine Beschreibung im Aktiv mit man.

Das Wickeln von Kleinkindern
Auf diese Überschrift folgt eine Beschreibung im Passiv mit einer Form von werden.

1 Welche Überschrift erscheint dir geeignet?

a. Schreibe die Überschrift auf die Linie.
  - Du kannst eine Überschrift von dieser Seite auswählen.
  - Du kannst dir auch eine eigene Überschrift ausdenken.

b. Schreibe zu der Überschrift auf, ob die Beschreibung im Aktiv mit du, im Passiv oder mit man verfasst werden soll.

____

Die Beschreibung soll _______________________________

Im Aktiv beschreiben:
Du wickelst das Kleinkind.
Im Passiv beschreiben:
Das Kleinkind wird gewickelt.
Mit man beschreiben:
Man wickelt das Kleinkind.

Tipp 2: Nenne zu Beginn alle Materialien und Hilfsmittel, die für den Arbeitsvorgang benötigt werden.

2 a. Welche Materialien und Hilfsmittel benötigst du? Schreibe Stichworte unter die Bilder.
b. Ordne die Materialien und Hilfsmittel in einer sinnvollen Reihenfolge. Nummeriere dazu die Bilder.

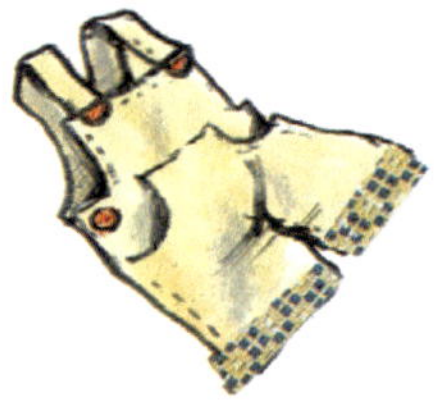

3 Schreibe jetzt in ein bis zwei Sätzen auf, welche Materialien und Hilfsmittel du brauchst.
Tipp: Achte darauf, dass du dieselbe Form verwendest wie in der Überschrift.

Starthilfe

Bevor das Kleinkind auf den Wickeltisch gelegt wird, müssen …

Bevor du das Kleinkind …

Bevor man das Kleinkind …

Tipp 3: Beschreibe nun jeden Arbeitsschritt. Beachte die richtige Reihenfolge der Arbeitsschritte.

4 Ordne die Arbeitsschritte in der richtigen Reihenfolge. Nummeriere dazu die Bilder.

1

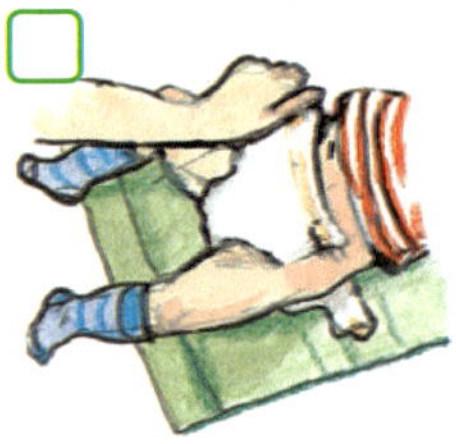

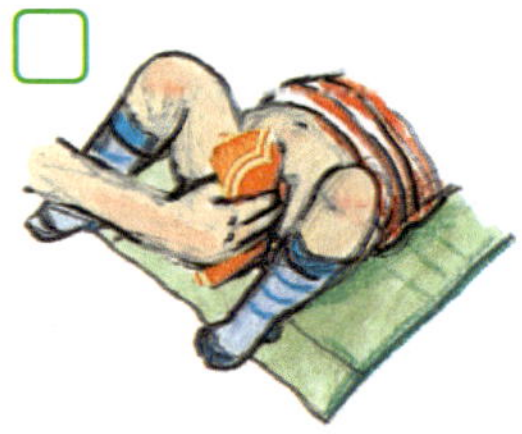

Einen Arbeitsvorgang beschreiben

5 Beschreibe nun in Stichworten die einzelnen Arbeitsschritte.

anlegen
~~legen~~
abnehmen
legen
abtrocknen
säubern
anziehen
hochheben
ausziehen

1. das Kleinkind auf den Wickeltisch legen,

2.

Tipp 4: Beschreibe auch das Verhalten des Kleinkinds.

6 Wie verhält sich das Kleinkind während der einzelnen Arbeitsschritte?
Schreibe einige Sätze zu seinem Verhalten auf.

lächeln
zappeln
lachen
weinen
plappern

Tipp 5: Beschreibe zum Schluss, was das Ergebnis des Arbeitsvorgangs ist.

7 Wie kannst du das frisch gewickelte Kleinkind beschreiben?
Schreibe ein bis zwei Schlusssätze auf.

Nun sieht

Es

Bevor du deine Beschreibung des Arbeitsvorgangs noch einmal sauber für die Praktikumsmappe abschreibst, kannst du sie noch überarbeiten. Die Tipps helfen dir dabei.

Tipp 6: Verwende treffende Adjektive.

8 Schreibe passende Adjektive in die Lücken.

In der Kindertagesstätte wird von 13.30 Uhr bis 15.00 Uhr Mittagsruhe gehalten. Die ____________ Erzieherinnen schauen in regelmäßigen Abständen nach den Kindern. Die ____________ Erzieherin Britta muss gähnen. Sie macht mit ihren ____________ Kolleginnen ebenfalls Pause. Frau Kohlberg, die ____________ Leiterin, hat sich in ihr Büro zurückgezogen. Im Zimmer der Kleinsten veranstaltet der ____________ Max ein ____________ Geschrei.

freundlich	müde
jung	laut
nett	ernst
groß	hungrig

9 a. Lies nun noch einmal deine Stichworte und Sätze auf den Seiten 32–34. Welche Gegenstände und Arbeitsschritte kannst du mit Adjektiven noch genauer beschreiben?
b. Markiere sie.
c. Füge dort bei deiner Überarbeitung treffende Adjektive ein.

sauber	frisch
feucht	laut
passend	leise
weich	vorsichtig
schmierig	quengelig

Tipp 7: Mache auf besonders Wichtiges aufmerksam.

10 Gibt es etwas, worauf du besonders hinweisen möchtest?
a. Markiere in deinen Stichworten und Sätzen passende Stellen.
b. Füge dort bei deiner Überarbeitung besondere Formulierungen ein.

auf keinen Fall
unbedingt
manchmal
oft
besonders

Tipp 8: Gestalte deine Beschreibung des Arbeitsvorgangs anschaulich.

11 Bilder machen deine Beschreibung noch anschaulicher.
a. Zeichne auf ein Blatt einen wichtigen Arbeitsgegenstand.
b. Finde Fotos oder zeichne Skizzen, die den Arbeitsvorgang veranschaulichen.
- Du kannst Fotos aus Zeitschriften oder dem Internet auswählen.
- Du kannst auch eigene Fotos verwenden.

Tipp: Gib an, woher die Fotos stammen.

12 Schreibe jetzt die gesamte Beschreibung deines Arbeitsvorgangs auf saubere Blätter Papier. Klebe die Zeichnungen und die Fotos ein.

Arbeitstechnik

Einen Arbeitsvorgang beschreiben
- Schreibe in der **Überschrift** auf, um welchen Arbeitsvorgang es sich handelt.
- Nenne zu Beginn alle **Materialien und Hilfsmittel**, die du für den Arbeitsvorgang benötigst.
- Beschreibe nun jeden **Arbeitsschritt**. Beachte die richtige Reihenfolge der Arbeitsschritte.
- Beschreibe zum Schluss das **Ergebnis** des Arbeitsvorgangs.
- Verwende **treffende Adjektive**.
- Mache auf besonders **Wichtiges** aufmerksam.
- Gestalte die Beschreibung des Arbeitsvorgangs **anschaulich**.

Einen Tagesbericht schreiben

Arbeitstechnik

Berichten

Ein Bericht soll **knapp, genau** und im **Präteritum** geschrieben sein. Er soll einfach und klar Antworten auf die **W**-Fragen geben:

- **Wann** passierte es?
- **Wer** war beteiligt?
- **Wo** passierte es?
- **Was geschah** der Reihe nach?
- **Was** ist die **Folge**?

In eine Praktikumsmappe gehören auch die Tagesberichte.

Sergej macht sein Praktikum im Seniorenheim.
Hier ist sein Tagesbericht über den ersten Tag.

Bericht über das Praktikum im Seniorenheim Philemon, Schillerstraße 6

Montag, 24.04.2006
Meine Arbeit fing um 7:00 Uhr an. Ich meldete mich bei Schwester Karla. Sie war in der Praktikumswoche meine Vorgesetzte. Schwester Karla stellte mich dem Personal der Station vor. Es arbeiten dort drei Schwestern und zwei Pfleger. Dann zeigte mir Schwester Karla die einzelnen Räume und machte mich mit den achtzehn Bewohnerinnen und Bewohnern der Station bekannt: acht Männer und zehn Frauen. Am ersten Tag durfte ich schon bei der Essensausgabe helfen und Tee und Kaffee kochen. Mit einigen Heimbewohnern konnte ich mich gut unterhalten, das war interessant. Andere Bewohner sprachen kaum und es ging ihnen gar nicht gut. Viele lagen den ganzen Tag im Bett. Um 15:00 Uhr war der erste Arbeitstag vorbei.

Sergejs Bericht enthält wichtige sachliche Angaben über das Praktikum.

1 Welche W-Fragen beantwortet der Tagesbericht?
Schreibe zu den W-Fragen alle sachlichen Angaben in Stichworten auf.

Wann? ______________________________

Wer? ______________________________

Wo? ______________________________

Was? ______________________________

____

Am dritten Tag des Praktikums im Seniorenheim geschieht ein Unfall, den Sergej genau beobachten kann. Sergej schreibt darüber in seinem Tagesbericht.

Mittwoch, 26.04.2006
Heute haben wir uns auf der Station sehr erschrocken. Ein alter Mann, der sonst nur im Bett lag, war am Nachmittag einfach aufgestanden und in den Flur gegangen. Dort ist er nach einer Weile bewusstlos umgefallen. Ich finde, jemand hätte ihn die ganze Zeit beaufsichtigen müssen, dann wäre das nicht passiert. Schwester Karla hat den Mann auf dem Fußboden in eine andere Lage gebracht und dann schnell um Hilfe gerufen. Zum Glück war das Telefon im Schwesternzimmer wieder in Ordnung. Es war morgens repariert worden. Zwei Altenpfleger haben den Mann vorsichtig auf eine Trage gehoben und ihn wieder in sein Zimmer getragen. Anschließend kam ein Arzt, der ihn gründlich untersucht hat. Nach diesem Erlebnis hatte ich eine Pause verdient, um mich von dem Schreck erholen zu können. Ich habe ein Glas Apfelsaft getrunken. Zum Glück ist dem Mann nichts passiert, es ging ihm schon bald wieder gut. Ich muss unbedingt mit meiner Oma reden. Sie ist auch schon mal gestürzt. Sie sollte sich überlegen, ob sie ebenfalls in ein Seniorenheim mit Betreuung zieht.

Der Tagesbericht enthält sachliche Angaben.
Sergej schreibt aber auch über persönliche Eindrücke.
Ein Bericht über ein Geschehen sollte keine Meinungen, Stimmungen und Gefühle wiedergeben.

2 a. Unterstreiche die sachlichen Angaben blau.
b. Unterstreiche die persönlichen Eindrücke grün.

3 Schreibe den Tagesbericht nun in dein Heft.
Achte darauf, dass dein Bericht nur sachliche Angaben enthält.
Tipp: Schreibe den ganzen Bericht im Präteritum.

Starthilfe
Mittwoch, 26.04.2006
Heute Nachmittag geschah auf der Station im Seniorenheim Folgendes: ...

Einen tabellarischen Tagesbericht schreiben

Sergej verfasst für seinen letzten Arbeitstag einen tabellarischen Tagesbericht. Auch ein solcher Bericht sollte nur sachliche Angaben und keine persönlichen Eindrücke enthalten.

1 Sergejs tabellarischer Tagesbericht über den 28. 04. 2006 auf Seite 39 ist noch nicht vollständig.

a. Lies die folgenden Notizen und den tabellarischen Tagesbericht.

b. Streiche alle persönlichen Eindrücke und Meinungen durch.

c. Ergänze im tabellarischen Tagesbericht die Ereignisse nach 11.45 Uhr. Achte auf die richtige Reihenfolge.

12:00
kurz Pause gemacht, trotzdem noch müde, zur Apotheke gegangen, Medikamente aus der Apotheke geholt, Medikamente Schwester Karla gegeben

15:00
Feierabend, von Bewohnern und Mitarbeitern verabschiedet, Geschenk erhalten, Erinnerungsfoto gemacht

13:00
Anruf vom Krankenhaus: der Mann hat Lungenentzündung, muss im Krankenhaus bleiben, tut mir sehr leid

14:00
Koffer für den kranken Mann gepackt, Koffer ins Krankenhaus gebracht

14:45
wieder zurück, mit Schwester Karla meine Praktikumsbeurteilung besprochen, sie hat mich gelobt

13:15
Mittagspause, gegessen und über das Fernsehprogramm unterhalten, ein Pfleger findet die neue Krankenhaus-Serie nicht gut

Tipps:

- Mache während des Praktikums Notizen.
- Notiere wichtige Zeitangaben sofort.
- Schreibe die Ereignisse immer am selben Tag auf.

Einen tabellarischen Tagesbericht schreiben

Praktikum als: Altenpfleger	Praktikumsbetrieb: Seniorenheim Philemon
Uhrzeit	**Praktikumstag / Datum** 5. Praktikumstag; Freitag, 28.04.2006
7:00 Uhr	Arbeitsbeginn, Frühstück für die Bewohner vorbereitet, es gab Weißbrot mit Erdbeermarmelade – meine Lieblingsmarmelade
7:30 Uhr	Bewohner aus den Zimmern abgeholt und in den Frühstücksraum begleitet
8:15 Uhr	Frühstückstische abgeräumt, Tische geputzt, dabei ist mir der Wassereimer umgekippt, Bewohnern Zeitungen gebracht
8:45 Uhr	beim Stadtbäcker für alle Brötchen geholt, war ziemlich kalt
9:30 Uhr	Frühstückspause, haben uns erzählt, was wir gestern Abend gemacht haben
10:30 Uhr	Betten gemacht, Zimmer aufgeräumt, in einem Zimmer ist ein rosa Teppich – den finde ich scheußlich
11:15 Uhr	Rundgang mit Arzt gemacht, der war echt nett, ein Bewohner konnte nur schlecht atmen, Krankenwagen gerufen, war aufregend
11:45 Uhr	Notarzt hat Mann im Krankenwagen mitgenommen

Dein Rechtschreib-Check

Auf den nächsten vier Seiten findest du Aufgaben zu den fünf Checkpunkten des Rechtschreib-Checks. Lies vor jeder Aufgabe den Checkpunkt. Dann kannst du überprüfen, ob die Wörter richtig oder falsch geschrieben sind. Und du kannst üben, die Wörter richtig zu schreiben.

Checkpunkt 1: Deutlich sprechen – genau hinhören

- Lies den Text leise Wort für Wort und Buchstabe für Buchstabe.
- Überprüfe, ob die hervorgehobenen Wörter richtig oder falsch geschrieben sind.

1 a. Markiere die Fehlerwörter.
b. Schreibe sie richtig auf die Linien.

Achtung: 5 Fehler

Maja, Sara, Mirko und Jan fahren dieses Jahr in den Sommerferien nich weg. Deshalb möchten sie gern etwas zusammen unternehmen. Sie treffen sich in der esten Ferienwoche im Eiscafé, um Pläne zu machen. Mirko schlagt vor, in ein Rockkonzert zu gehen. Maja möchte gern ins Freizeitbad. Dann hat Jan eine tolle Idee: „Wie wäre es, wenn wir ein Tagesauflug mit den Fahrädern machen? Wir nehmen Badesachen und etwas zu essen mit.“ Alle sind begeistert.

___

___

___

Checkpunkt 2: Lang oder kurz?

- Sprich das Wort mehrmals leise vor dich hin: Wird der Vokal lang oder kurz gesprochen?

Lang?	Kurz?
• In der Regel folgt ein Konsonant: geben, rufen. • Bei langem i schreibe ie: Diebe, sie. • Vor l, m, n, r kommt manchmal ein h.	• In der Regel folgen zwei Konsonanten, zwei gleiche oder zwei verschiedene: rollen, halten. • Wird der Vokal vor z oder k kurz gesprochen, schreibe tz oder ck: Katze, Zucker.

2 Ergänze in den Wörtern die Konsonanten.

Am Morgen des Ausflugs bereiten alle etwas für das Picknick vor.

Maja kocht eine Ka____e Tee. Sara nimmt vier Stü____ Kuchen mit.

Mirko bestreicht Brote mit Bu____er. Jan packt eine Ta__el Schokolade ein.

Checkpunkt 3: Verwandte Wörter?

- Ein schwieriges Wort?
  Dann suche nach einem verwandten Wort, das du sicher schreiben kannst.
- Denn: Den Wortstamm verwandter Wörter schreibt man immer gleich:
  sie sahen schreibt man mit h → so wie sehen,
  Häuser schreibt man mit äu, → weil man Haus mit au schreibt.

3 Mit welchem Wort aus der Randspalte sind die markierten Wörter jeweils verwandt?
a. Schreibe das verwandte Wort auf die Linie.
b. Prüfe, ob die markierten Wörter im Text richtig geschrieben sind.
c. Schreibe dann die markierten Wörter noch einmal neben die verwandten Wörter.

fahren	der Baum
lang	die Zahl
sehen	

Achtung: 3 Fehler

Um 9 Uhr furen die Freunde los. Es war ein sonniger Tag. Als sie aus der Stadt hinaus waren, radelten sie längere Zeit am Fluss entlang. Plötzlich fuhr Mirko auf dem Weg über eine Wurzel. Er verlor das Gleichgewicht und stürzte. Die anderen sahen ihn erschrocken an. Mirkos Knie blutete. Sara hatte Pflaster dabei. Nach diesem Schreck machten sie erst einmal unter schattigen Beumen Pause. Mittags kamen sie am Badesee an. Sie suchten sich einen schönen Platz und packten ihr Essen aus. Sie zehlten nach, wie viele Brote sie für jeden eingepackt hatten.

Checkpunkt 4: b, d, g oder p, t, k am Ende?

Verlängere das Wort. Dann hörst du, wie es endet:
der Korb – die Körbe   schmutzig – schmutzige
er hupt – er hupte

4 a. Prüfe, ob die markierten Wörter richtig geschrieben sind.
Verlängere dazu zunächst die Wörter und schreibe die verlängerten Formen in dein Heft.
b. Schreibe dann die markierten Wörter richtig daneben.
Denke bei den Nomen an den Artikel.

Starthilfe
die Brote – das Brot
...

Achtung: 3 Fehler

Jeder bekam ein Brot mit Schinken und eins mit Käse. Alle hatten jetzt großen Hunger und aßen tüchtig. Jan hielt in einer Hant den Kuchen und in der anderen eine Flasche Wasser. Später sah Mirko nach, ob der Reifen an seinem Fahrrad nach dem Sturz beschädigt war. Seine Schuhe waren zumindest ganz schmutzik geworden. Sara gähnte müde und sagte: „Wie gut, dass wir nicht auf einen Berk gefahren sind!“

Checkpunkt 5: Großschreibung?

Nomen schreibt man groß. Mit diesen Fragen erkennst du Nomen:

Steht das Wort nach einem **Artikel**?	Steht das Wort nach einem **Zahlwort**?	Steht das Wort nach einem **Pronomen**?	Steht das Wort nach einem **Adjektiv**?	Endet der Singular (die Einzahl) des Wortes auf einer dieser **Nachsilben**?
der die das ein eine	zwei drei 135 wenig/e mehrere	mein/e dein/e sein/e, ihr/e unser/e euer/eure diese/r/s	blau/er/es zart/er/es kleine/r/s	-heit -keit -nis -schaft -tum -ung

5 Im folgenden Text sind alle Wörter großgeschrieben.
Prüfe die Wörter mit Hilfe der Fragen aus dem Kasten.
Schreibe den Text in richtiger Groß- und Kleinschreibung auf die Linien.

NACH DEM PICKNICK GINGEN DIE FREUNDE BADEN. SIE SCHLOSSEN IHRE FAHRRÄDER AB UND NAHMEN IHRE BUNTEN HANDTÜCHER MIT ZUM WASSER. DANN SPRANGEN SIE LAUT LACHEND IN DEN BLAUEN SEE. DAS KALTE WASSER WAR SEHR ERFRISCHEND. DANACH LEGTEN SIE SICH ZUR ERHOLUNG NOCH ZEHN MINUTEN AN DAS UFER. NACH EINIGER ZEIT GINGEN SIE ZU IHREN RÄDERN UND FUHREN LANGSAM ZURÜCK. „DAS WAR EIN SCHÖNES FERIENERLEBNIS!“, SAGTE MIRKO.

Auf den nächsten beiden Seiten kannst du überprüfen, ob du alle Checkpunkte des Rechtschreib-Checks richtig anwenden kannst.

Checkpunkt 1: Deutlich sprechen – genau hinhören

Checkpunkt 2: Lang oder kurz?

Checkpunkt 3: Verwandte Wörter?

Checkpunkt 4: b, d, g oder p, t, k am Ende?

Checkpunkt 5: Großschreibung?

Achtung: 6 Fehler

Das Ende eines Fernsehabends

Im Fernsehen lief eine spannende sendung. Herr Müller, Frau Müller und ihr Sohn Jan schauten interessiert zu. Plötzlich verschwand das Bilt und man hörte nur noch ein gleichmäßiges Rauschen. Sofort rief Herr Müller einen Reparaturdienst an.
Nach einiger Zeit wurde der Apparat leider abgeholt. Nun wuste sich die Familie keinen Rat mehr und alle sahn sich stumm an. Frau Müller starrte immer wieder ungläubig in jene Richtung, aus der bisher die Bilder flimmerten. Nach einer weile sah der Vater überraschent seinen Sohn an und sagte: „Junge, wie bist du groß geworden."

1 a. Prüfe, ob die markierten Wörter richtig oder falsch geschrieben worden sind. Überlege, mit welchem Checkpunkt du das feststellen kannst.
b. Schreibe das Wort richtig auf die Linien. Denke bei den Nomen an den Artikel.
c. Schreibe jeweils dahinter, mit welchem Checkpunkt du das Wort geprüft hast.

die Sendung ______ 5 ____ ______________ ____

______________ ____ ______________ ____

______________ ____ ______________ ____

2 a. Schreibe den Text noch einmal richtig in dein Heft.
- Du kannst den Text abschreiben.
- Du kannst ihn dir auch diktieren lassen.

b. Kontrolliere die Schreibweise mit Hilfe des Lösungsheftes.

Am nächsten Tag

Achtung: 4 Fehler

Es klingelte. Jan öffnete die Haustür und ein freundlicher Mann sagte: „Guten Tag, euer Fernseher funktioniert wieder. Wo soll ich ihn hinstellen?“ Jan führte den Mann ins Wohnzimmer. Ein paar Minuten später lief das Gerät ohne die geringste störung. Und schon saßen Frau Müller, Herr Müller und Jan wie so heufig auf dem Sofa, denn ihre Fernsehwelt war wieder in Ordnung. Nach einer Weile sagte allerdings Frau Müller: „Ich glaube, dass wir unseren Fernsehkonsum in Zukunft besser kontrolieren sollten.“ Herr Müller und Jan nickten zustimment.

3 a. Lies noch einmal die Checkpunkte auf Seite 43.
b. Finde dann im Text die falsch geschriebenen Wörter und unterstreiche sie.

4 a. Schreibe die unterstrichenen Wörter richtig untereinander auf die Linien.
b. Kontrolliere die Schreibweise mit Hilfe des Lösungsheftes.
c. Lies dann die Sätze in der Randspalte.
d. Verbinde jedes Wort mit dem passenden Satz.
e. Schreibe zuletzt den passenden Checkpunkt hinter jedes Wort.

Wörter mit ä oder äu sind oft von Wörtern mit a oder au abgeleitet.	o	o	______	___
Wörter mit der Endung -ung sind Nomen.	o	o	______	___
Wenn man das Wort verlängert, kann man das d hören.	o	o	______	___
Nach einem kurzen Vokal folgen in der Regel zwei Konsonanten.	o	o	______	___

5 Mache dir noch einmal klar, wie die Wörter geschrieben werden.
a. Schreibe zu dem Nomen mit -ung ein weiteres Nomen mit -ung auf.
b. Schreibe zu dem Wort mit äu ein verwandtes Wort mit au auf.
c. Verlängere das Wort mit d, sodass man die Endung hören kann. Schreibe das verlängerte Wort auf.
d. Markiere in dem Wort mit den Doppelkonsonanten den kurzen Vokal mit einem Punkt. Unterstreiche den Doppelkonsonanten.

6 a. Schreibe nun den Text richtig in dein Heft.
- Du kannst den Text abschreiben.
- Du kannst dir den Text auch diktieren lassen.

b. Kontrolliere die Schreibweise mit Hilfe des Lösungsheftes.

Auf den folgenden Seiten kannst du herausfinden, welche Fehler du häufiger machst. Wenn du deine Fehlerschwerpunkte genau kennst, kannst du eigene Texte sicherer kontrollieren.

1 Finde mit diesen Wörterlisten heraus, welche Fehler du machst.
a. Lass dir die Wörter und Wortgruppen von einer Partnerin oder einem Partner diktieren.
b. Schreibe die Wörter und Wortgruppen in dein Heft. Lass über jedem Wort eine Zeile frei.

die Schuld die Bewegung wahrscheinlich tüchtig traurig ruhig	er rannte es geschah tausend berühmt nutzen hohl	ähnlich ekelig gesund interessiert mehrere Stücke täglich	häufig die Süßigkeit der Abschied frieren verlieren mein Korb
ziemlich die Batterie nebelig der Appetit sonnig blinken	senkrecht schwierig herrschen knallen kräftig das Kreuz		der Fahrer äußerlich die Katze die Nacht die Polizei läuten
der Zucker das Wissen die Wand der Brand der Zug der Wald	das Feld schäumen essen lächerlich das Ziel die Kanne	gefährlich die Zärtlichkeit das Glück die Unterstützung öffnen es gibt	eilig füllen eine Bank er ging das Herz das Gebäude
der Gestank genug wahrscheinlich der Dank das Fahrrad die Ehre	das Geld die Liebe tätig spazieren er zählt zusammen	die Ränder die Länder der Schrei das Wetter er lächelte sie wusste	der Förster die Rücksicht cin Prozent die Täuschung der Unfall das Brot

2 a. Kontrolliere die Wörter und Wortgruppen. Vergleiche dazu deine geschriebenen Wörter mit denen in den Kästen.
b. Hast du ein Wort falsch geschrieben? Streiche die falsch geschriebenen Wörter und Wortgruppen durch.
c. Schreibe die Wörter richtig darüber.

3 Schreibe nun alle korrigierten Wörter und Wortgruppen in die passenden Spalten der Tabellen auf Seite 46 und 47.

Fehleranalyse

Laute und Buchstaben deutlich sprechen – genau hinhören

Lang oder kurz?	
lang	kurz

Verwandte Wörter?

b, d, g oder p, t, k am Ende?	
b, d, g	p, t, k

Großschreibung?	

Natürlich gibt es auch Wörter, die du nicht mit dem Rechtschreib-Check prüfen und korrigieren kannst. Meistens sind es Merkwörter, die du besonders üben musst.

4 a. Lass dir die Wörter und Wortgruppen von einer Partnerin oder einem Partner diktieren.
b. Schreibe die Wörter und Wortgruppen in dein Heft.
Lass über jedem Wort eine Zeile frei.

der Widerstand	sie waren	sie vergaß	das Vieh
die Jugend	grüßen	die Maschine	ordentlich
vielleicht	der Schmerz	er kam	stürzen
die Gardine	die Serie	intensiv	du gibst

5 a. Kontrolliere die Schreibweise der Wörter und Wortgruppen mit Hilfe der Kästen.
b. Hast du ein Wort falsch geschrieben?
Streiche die falsch geschriebenen Wörter und Wortgruppen durch.
c. Schreibe die Wörter richtig darüber.

Nun kannst du deine Tabellen von den Seiten 46 und 47 auswerten.

6 In welcher Spalte stehen die meisten Wörter und Wortgruppen?
In welcher Spalte stehen die wenigsten Wörter und Wortgruppen?
a. Zähle die Wörter in den Spalten.
b. Umkreise die Spalte mit den meisten Wörtern blau.

7 Du kannst auf unterschiedliche Weise üben, deine Fehlerwörter richtig zu schreiben:
- Lass dir die Wörter und Wortgruppen immer wieder diktieren.
- Schreibe die Wörter und Wortgruppen in besonders schöner Schrift in dein Heft.
- Gib einem Partner oder einer Partnerin deine Tabellen mit den Fehlerwörtern. Lass ihn oder sie Lückensätze für dich aufschreiben. Füge deine Fehlerwörter in die Lückensätze ein.
- Bilde selbst Sätze mit deinen Fehlerwörtern.

In dem Bild haben sich einige der Wörter aus den Kästen auf Seite 45 „versteckt".

8 Sieh dir das Bild genau an.
a. Welche Wörter und Wortgruppen aus den Kästen von Seite 45 haben sich darin versteckt? Schreibe die Wörter auf.

b. Kontrolliere die Schreibweise mit Hilfe der Kästen.

9 Wähle fünf Wörter und Wortgruppen aus Aufgabe 8 aus.
Schreibe eine Geschichte, in der diese Wörter und Wortgruppen vorkommen.

10 a. Überprüfe deinen Text mit dem Rechtschreib-Check:
- Unterstreiche alle Wörter, bei denen du unsicher bist, mit einem Bleistift.
- Prüfe jedes dieser Wörter mit den Checkpunkten 1 bis 5 von Seite 43.
- Wenn du dir unsicher bist, schaue im Wörterbuch nach.

b. Streiche falsch geschriebene Wörter durch.
c. Schreibe diese Wörter noch einmal richtig auf.

Groß- und Kleinschreibung von Tageszeiten und Wochentagen

!!! Merkwissen

Tageszeiten und **Wochentage** mit **s** am Ende werden kleingeschrieben: **morgens**, **montags**.

Manchmal werden Tageszeiten und Wochentage großgeschrieben, manchmal werden sie kleingeschrieben. Hier kannst du die richtige Schreibweise üben.

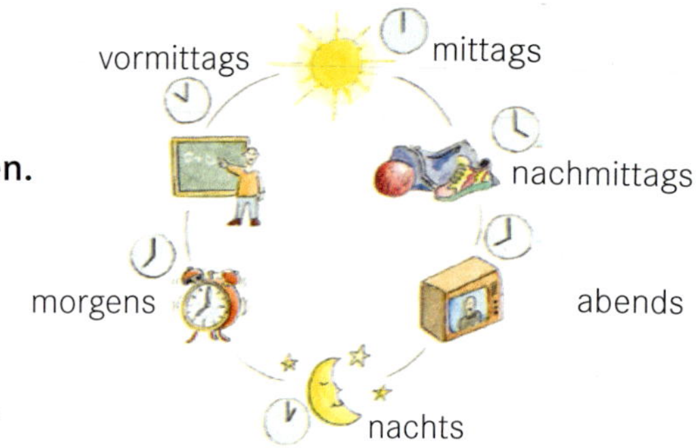

1 Welche Tageszeiten folgen?
Ergänze jeweils die weiteren Tageszeiten.

morgens, vormittags, ______________________

abends, nachts, ______________________

mittags, nachmittags, ______________________

An Irinas Schule gibt es diese Freizeitangebote.

	montags	dienstags	mittwochs	donnerstags	freitags
Theater-AG	X				
Schulfest-AG		X			
Boxen			X		
Töpfern				X	

2 Alle Freizeitangebote finden zweimal in der Woche statt.
a. Kreuze für jedes Freizeitangebot einen zweiten Tag in der Tabelle an.
b. Schreibe die neu angekreuzten Wochentage hinter die Angebote.

Theater-AG: ______________ Töpfern: ______________

Schulfest-AG: ______________ Boxen: ______________

3 Schreibe passende Wochentage und Tageszeiten in die Lücken.
Vorschläge findest du in der Randspalte.

morgens
abends
montags
dienstags

Die Schulfest-AG trifft sich immer ______________ um 15:00 Uhr.

Die Mitglieder der Box-AG versammeln sich jeden Mittwoch erst ______________ in der Turnhalle. Die Lehrerin kann jeden Samstag nur ______________ für die Töpfer-AG einkaufen. Die Theatergruppe, die sich immer ______________ trifft, soll beim Schulfest in der Aula Sketsche aufführen.

Groß- und Kleinschreibung von Tageszeiten und Wochentagen

An Irinas Schule sind Austauschschüler zu Gast. Am Dienstagmittag erzählt Irina einer Freundin davon.

4 Lies Irinas Terminkalender in der Randspalte.
Ergänze in den folgenden Sätzen die passenden Zeitangaben aus der Randspalte.

„Das Programm für die Austauschschüler begann damit, dass sie gestern Morgen im Pausenraum begrüßt wurden. Dann trafen wir uns ____________________ zu einem Spaziergang durch die Stadt. Und stell dir vor, ____________________ war eine große Party in der Turnhalle! Es gab sogar Livemusik. Als Nächstes hatten wir ____________________ gemeinsam Deutschunterricht. Eine Austauschschülerin hat sich aktiv am Unterricht beteiligt. Ich werde meine Austauschschülerin ____________________ mit zu einem Besuch zu Oma nehmen. Und ____________________ gehen wir ins Kino. Alle sollen ____________________ an der Chorprobe teilnehmen. Und weißt du was? Als Überraschung ist für ____________________ eine Nachtwanderung geplant!“

!!! Merkwissen

Nach **gestern**, **heute** und **morgen** werden Tageszeiten großgeschrieben.

SEPTEMBER

MONTAG 8
12.00 Begrüßung im Pausenraum
15.30 Spaziergang durch die Stadt
19.00 Party

DIENSTAG 9
8:00 gemeinsamer Deutschunterricht
16:00 Besuch bei Oma
19:30 Kino

MITTWOCH 10
10:00 Chorprobe
23:00 Nachtwanderung

gestern Morgen
heute Abend
morgen Vormittag
morgen Nacht
heute Morgen
gestern Abend
gestern Nachmittag
heute Nachmittag

Mit der folgenden Geschichte kannst du die Groß- und Kleinschreibung von Tageszeiten und Wochentagen üben.

Die Deutscharbeit

Meine Freundin besuchte mich immer montags. Wir wollten gestern Nachmittag eigentlich die Deutscharbeit vorbereiten, die übermorgen Vormittag geschrieben wird – Deutscharbeiten werden bei uns nämlich oft donnerstags geschrieben. Doch dann kamen wir ins Schwatzen und lernten erst am Abend für die Arbeit. Deshalb müssen wir auch morgen Nachmittag noch einmal üben. Das wird sich sicher lohnen!

5 Ersetze die blauen Tageszeiten und Wochentage durch andere.
Schreibe die Geschichte mit deinen Zeitangaben in dein Heft.
Achte darauf, dass die Geschichte logisch ist.

Fremdwörter auf -tion und -ieren

!!! Merkwissen

Wörter, die auf das Suffix (die Nachsilbe) -tion enden, sind **Nomen**. Sie haben alle den Artikel **die** und werden großgeschrieben.

Fremdwörter kann man oft an ihren Suffixen (Nachsilben) erkennen. Nomen auf -tion und Verben auf -ieren sind meist Fremdwörter.

1 a. Ordne die folgenden Nomen auf -tion jeweils der richtigen Erklärung zu.
Tipp: Du kannst auch im Lexikon oder im Wörterbuch nachschlagen.
b. Markiere bei den Nomen das Suffix -tion.

die Gratulation **die Konjugation** **die Reaktion** **die Delegation**

die Beugung des Verbs: ______________________

die Abordnung: ______________________

die Wirkung: ______________________

der Glückwunsch: ______________________

Zu vielen Nomen auf -tion gibt es verwandte Verben auf -ieren und umgekehrt.

!!! Merkwissen

Wörter mit dem Suffix -ieren sind Verben. Sie werden kleingeschrieben.

2 a. Finde zu jedem Nomen auf -tion das verwandte Verb auf -ieren.
Schlage dazu im Lexikon oder im Wörterbuch nach.
b. Schreibe jeweils das verwandte Verb hinter die Nomen.
c. Markiere bei den Verben das Suffix -ieren.

Gratulation: ____________ Konjugation: ____________

Reaktion: ____________ Delegation: ____________

3 a. Was bedeuten folgende Verben auf -ieren?
Schlage im Lexikon oder im Wörterbuch nach.
b. Schreibe die Bedeutung neben die Verben.

präsentieren: ______________________

____

produzieren: ______________________

____

kombinieren: ______________________

____

4 a. Finde zu jedem Verb auf -ieren aus Aufgabe 3 das verwandte Nomen auf -tion.
Du kannst im Lexikon oder im Wörterbuch nachschlagen.
b. Schreibe die Nomen mit dem Artikel auf die Linien unter den Verben.

Auch in der Schule benötigst du täglich Fremdwörter.
Damit du sie richtig verwenden kannst, musst du ihre Bedeutung kennen.

5 In der Randspalte findest du einige Fremdwörter.
Du verwendest sie im Fachunterricht.
a. Ordne jedes Fremdwort dem passenden Fachunterricht zu.
Schreibe es links auf die Linien.
b. Schreibe neben jedes Fremdwort, was es bedeutet.
Tipp: Du kannst im Lexikon oder im Wörterbuch nachschlagen.

konstruieren	kondensieren
~~reflektieren~~	interpretieren
subtrahieren	dividieren
absorbieren	konjugieren
deklinieren	

Fach	Fremdwort		Bedeutung
Physik	reflektieren	=	zurückstrahlen
		=	
		=	
Mathematik		=	
		=	
		=	
Deutsch	deklinieren	=	
		=	
		=	

6 Welches Fremdwort ist richtig?
a. Lies die folgenden Sätze genau.
Streiche das falsche Fremdwort durch.
Tipp: Schlage im Lexikon oder im Wörterbuch nach.
b. Schreibe die Sätze mit dem jeweils richtigen Fremdwort in dein Heft.

Rotation / Destillation ist die Drehung des Körpers um die eigene Achse.

Unter Deklination / Konjugation versteht man die Beugung der Nomen, Adjektive und Pronomen.

Eine Grundrechenart, bei der man malnimmt, ist die Division / Multiplikation.

Wenn sich Gas oder Dampf durch Abkühlung zu Flüssigkeit verdichtet, nennt man dies Kondensation / Konstruktion.

Getrennt- und Zusammenschreibung

!!! Merkwissen

Wortgruppen mit sein schreibt man **immer getrennt**: gut sein, besser sein, zufrieden sein.

Getrenntschreibung: Wortgruppen mit sein

müde, vorbei, zurück, **sein**, zufrieden, traurig, da, fertig

1 Bilde Wortgruppen mit sein. Schreibe die Wortgruppen auf.

müde sein, ____________________

____

____

2 Schreibe die folgenden Sätze in dein Heft und ergänze dabei passende Wortgruppen mit sein.
Tipp: In zwei Fällen musst du anstelle von sein die Form ist einsetzen.

Ich verspreche, dass wir pünktlich ___ werden.
Der Trainer kann mit dem Ergebnis des Fußballspiels ___.
Sobald Lisa aus den Ferien ___, schickt sie mir ihre Fotos.
Du musst nicht ___, dass du die Wette verloren hast.
Max ist froh, wenn der Sportunterricht ___.
Nach der langen Fahrradfahrt werden alle sehr ___.

Getrenntschreibung: Wortgruppen zum Einprägen

- gar nicht
- zu jeder Zeit
- darüber hinaus
- zu Hause
- zu Schaden (kommen)
- zu Fuß (gehen)
- zu Hilfe (kommen)
- nach wie vor
- zu Ende
- auf einmal

Diese Regel kennst du schon: Gar nicht wird gar nicht zusammengeschrieben. Genauso wie die Wortgruppen in der Randspalte.

3 Einige Wortgruppen in der Randspalte sind grün hervorgehoben. Ordne diese Wortgruppen der jeweils richtigen Bedeutung zu.

Wortgruppe	Bedeutung
____________________	verunglücken
____________________	helfen
____________________	weiterhin
____________________	immer

4 Schreibe den folgenden Text in dein Heft und ergänze dabei in jedem Satz die passende Wortgruppe.

Wir können von der Haltestelle zum Kino ___ gehen. Der Weg ist nämlich ___ weit. Das Laufen tut uns ___ bestimmt gut. Wir planen den Rest des Nachmittags, wenn der Film ___ ist. Vielleicht haben wir ja ___ Lust, noch in die Eisdiele zu gehen. Oder wir trinken bei mir ___ etwas.

Zusammenschreibung: Wörter zum Einprägen

Diese Wörter werden immer zusammengeschrieben:

probeweise manchmal keinesfalls diesmal klugerweise keineswegs einmal schlauerweise keinmal unterwegs schlimmstenfalls

5 Schreibe die Wörter auf die richtigen Linien.

-weise: probeweise, ______________________________

-mal: ______________________________

-falls: ______________________________

-wegs: ______________________________

6 Schreibe passende Wörter aus Aufgabe 5 in die Lücken.

Wenn, wenn, wenn ...

Wenn du mit deinem Fahrrad fährst, bist du ______________.

Wenn du beim Schachspielen immer verloren hast, hast du

______________ gewonnen.

Wenn du Fieber hast, kannst du ______________ schwimmen gehen.

Wenn du morgen eine Arbeit schreibst, gehst du heute ______________

früher ins Bett.

Auch die Wörter in der Randspalte werden immer zusammengeschrieben.

durcheinanderlaufen
gegeneinanderprallen
aufeinandersetzen
vorwärtsgehen

7 Welches Wort passt zu welchem Bild?
Schreibe unter jedes Bild das passende Wort.

____

______________________________ ______________________________ ______________________________

Getrenntschreibung: Adjektiv + Verb

Die folgenden Wortgruppen aus Adjektiv + Verb schreibt man getrennt:

falsch machen   treu bleiben   sauber halten   richtig machen
gesund bleiben   breit machen   rot werden   gerade halten

8 Ordne jede Wortgruppe in die richtige Spalte der Tabelle ein.

Adjektiv + machen	Adjektiv + halten	Adjektiv + bleiben	Adjektiv + werden

Auch die Sätze einer Wahrsagerin über den Zauberlehrling enthalten drei Wortgruppen aus Adjektiv + Verb.

Der Zauberlehrling wird aktiv werden. Er wird dem Besen befehlen, Wasser zu holen. Er ahnt nicht, dass der Besen gehorchen wird. Schnell wird sich das Becken füllen. Der Zauberlehrling wird zunächst ruhig bleiben, dann aber nervös werden. Es fehlt ihm nämlich das Zauberwort, um den Spuk zu beenden.

9 a. Unterstreiche die Wortgruppen aus Adjektiv + Verb.
b. Trage die Wortgruppen oben in die Tabelle ein.
c. Schreibe mit jeder Wortgruppe einen Satz in dein Heft.

Starthilfe

Man kann im Straßenverkehr viel falsch machen. ...

!!! Merkwissen

Adjektiv und Verb werden **zusammengeschrieben**, wenn das zusammengesetzte Wort **eine neue Bedeutung** hat: glattgehen bedeutet „gut klappen“.

Zusammenschreibung: Adjektiv + Verb

Der folgende Text enthält Zusammensetzungen aus Adjektiv + Verb.

Alles ehrlich einzugestehen, wird dem Zauberlehrling sicherlich schwerfallen. Doch der Meister wird die Sache bestimmt nicht unnötig hochspielen. Es wird sicher alles glattgehen. Der Lehrling wird eine Chance bekommen und kann alles gutmachen.

10 a. Unterstreiche die Zusammensetzungen aus Adjektiv + Verb.
b. Schreibe sie in der Tabelle neben die zutreffende Bedeutung.

Adjektiv und Verb	übertragene Bedeutung	Adjektiv und Verb	übertragene Bedeutung
	das Unrecht bereinigen		Mühe bereiten
	gut klappen		viel Bedeutung beimessen

Getrennt- und Zusammenschreibung von Straßennamen

Eine Klasse aus Rostock ist am Hauptbahnhof von Stuttgart eingetroffen. Die Schülerinnen und Schüler wollen zum Rathaus. Ein junger Mann beschreibt ihnen den Weg.

Ihr seid hier auf dem Kurt-Georg-Kiesinger-Platz. Geht nicht Richtung Osloer Straße, sondern links in die Heilbronner Straße. Geht geradeaus weiter bis zur Theodor-Heuss-Straße. Biegt nach links in die Büchsenstraße ein. Nehmt die dritte Straße nach rechts, das ist die Königstraße. Dann könnt ihr schon das Rathaus sehen.

!!! Merkwissen

Straßennamen schreibt man groß.

11 Ordne die Straßennamen in die richtige Spalte der Tabelle ein.

zusammengeschriebene Straßennamen	getrennt geschriebene Straßennamen	Straßennamen mit Bindestrich

Du schreibst Straßennamen richtig, wenn du die folgenden Tipps beachtest.

Tipp 1: Aus Nomen zusammengesetzte Straßennamen schreibt man zusammen.

12 a. Bilde Straßennamen, indem du die Nomen zusammensetzt.
b. Schreibe die Straßennamen mit Artikel in dein Heft.

Schloss Friesen Ost + Straße Weg Ring

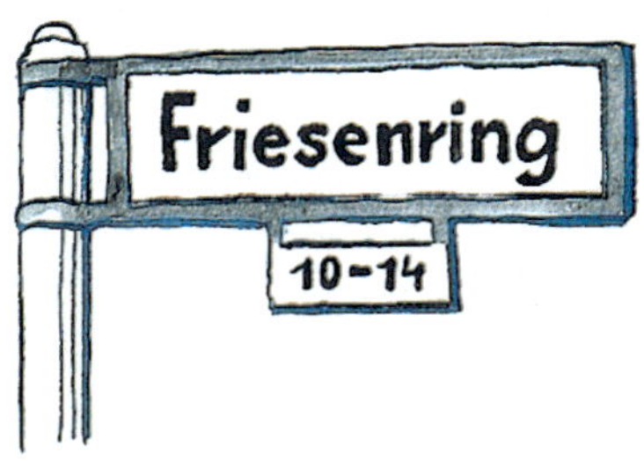

Tipp 2: Straßennamen mit einem Orts- oder Ländernamen auf -er schreibt man getrennt: Ulm + er + Straße = Ulmer Straße.

13 a. Bilde Straßennamen mit einem Orts- oder Ländernamen + er.
b. Schreibe die Straßennamen mit Artikel in dein Heft.

Frankfurt Köln Mecklenburg Hamburg + Straße Platz Allee Landstraße

Tipp 3: Straßennamen aus mehrteiligen Personennamen schreibt man mit Bindestrichen: Otto-Hausmann-Straße.

14 a. Suche in einem Stadtplan vier Straßennamen aus mehrteiligen Namen.
b. Schreibe sie mit Artikel in dein Heft.

Zusammengesetzte Nomen

!!! Merkwissen

Werden zwei Nomen zusammengesetzt, richtet sich der **Artikel** nach dem **zweiten Nomen**.

Die Nomen auf dieser Seite haben alle mit dem Sommerurlaub zu tun. Aus zwei Nomen kann man ein zusammengesetztes Nomen bilden.

das Fahrrad

der Verleih

der Taucher

die Burg

der Sand

die Ausrüstung

der Platz

der Korb

der Strand

das Zelt

1 Bilde aus jeweils zwei Nomen ein zusammengesetztes Nomen.
a. Schreibe sie mit Artikel auf.
b. Unterstreiche die Artikel.

das Fahrrad + der Verleih = der Fahrradverleih

Manchmal musst du zwischen den Nomen noch ein Fugen-s einfügen.

2 Bei den Nomen in der Randspalte wurde ein Fugen-s eingefügt.
a. Schreibe die Nomen mit Artikel untereinander auf.
b. Woraus sind sie zusammengesetzt? Schreibe die Bestandteile rechts auf. Ergänze dabei die Artikel.
c. Unterstreiche alle Artikel.

~~das Rettungsseil~~
das Erfrischungsgetränk
der Urlaubsort
die Ansichtskarte
das Ausflugsschiff

das Rettungsseil = die Rettung + s + das Seil

Auch Adjektive und Nomen kannst du zu neuen Nomen zusammensetzen.

lang | Bad | fern | tief | rund | Lauf | Schlaf | Küste | Fahrt | frei | Reise | steil

3 Welche Puzzleteile passen zusammen?
a. Verbinde sie mit einem Strich.
b. Bilde aus den Adjektiven und Nomen neue Nomen.
Schreibe sie auf die Linien. Denke an die Artikel.

der Langlauf

Zusammengesetzte Nomen kannst du auch aus Verben und Nomen bilden.

4 a. Schreibe die zusammengesetzten Nomen untereinander auf.
b. Schreibe jeweils eine Erklärung dahinter.
c. Unterstreiche die Verben im Infinitiv blau.

das Esszimmer | das Lesebuch | der Spielplatz | die Trinkflasche | die Tanzfläche | das Springseil | das Schwimmbecken | der Malblock

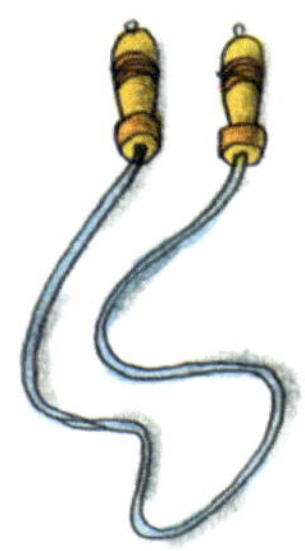
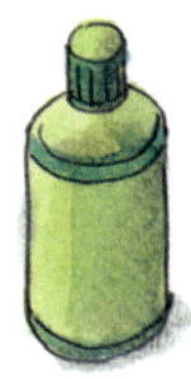

das Esszimmer = das Zimmer, in dem man essen kann

Verben im Perfekt

!!! Merkwissen

Wenn man etwas mündlich erzählt, was schon vergangen ist, dann verwendet man meist das **Perfekt**.
Das Perfekt wird mit **haben** oder **sein** gebildet.

Nadja erzählt ihrer Freundin Irina von ihren Pfingstferien.

Ich habe in den Pfingstferien etwas Tolles erlebt. Meine Eltern haben einen billigen Flug gebucht und sind mit mir und meinem Bruder für ein verlängertes Wochenende nach Berlin geflogen. Meine Eltern haben mir damit einen Wunsch erfüllt.
Nach der Ankunft sind wir am Bahnhof Zoo in die Buslinie 100 eingestiegen, denn diese führt an vielen Sehenswürdigkeiten vorbei. Wir haben die Fahrt immer wieder unterbrochen. Vor dem Reichstag haben viele Menschen gewartet, um die berühmte Glaskuppel besichtigen zu können. Das Anstehen hat uns zu lange gedauert, deshalb sind wir weiter zum Brandenburger Tor gegangen. In den Arkaden am Potsdamer Platz haben wir dann ein Eis gegessen. Am zweiten Tag sind wir mit der S-Bahn zum Wannsee gefahren. Aber es hat geregnet, deshalb hat mein Vater uns verboten, schwimmen zu gehen. Als Ersatz haben wir die nächste Fähre nach Kladow genommen. So sind wir auch geschwommen – aber *auf* dem Wannsee.

1 Im Text sind einige Verben farbig hervorgehoben. Sie stehen im Perfekt.
a. Finde im Text noch weitere Sätze mit Verben im Perfekt.
b. Markiere die Verben im Perfekt farbig.

2 Trage alle Verben im Perfekt in die Tabelle ein.

Perfekt mit sein	Perfekt mit haben
sind geflogen	habe erlebt

Auch ihrem Brieffreund in Luxemburg erzählt Nadja in einer E-Mail von der Reise nach Berlin.

1 Ergänze Nadjas E-Mail.
Schreibe dazu den Text von Seite 60 im Präteritum auf.
Die Verben im Präteritum in der Randspalte helfen dir.

Lieber René,

ich erlebte in den Pfingstferien etwas Tolles.

Meine Eltern buchten

2 a. Zeichne eine Tabelle in dein Heft.
b. Schreibe die Verben im Präteritum in die rechte Spalte.
c. Schreibe in die linke Spalte die Präsensformen.
d. Unterstreiche die Verben, bei denen sich der Wortstamm im Präteritum ändert.

!!! Merkwissen

Wenn man über etwas schriftlich erzählt oder berichtet, was schon vergangen ist, dann verwendet man das **Präteritum**.
Bei manchen Verben ändert sich im Präteritum der Wortstamm:
ich weiß – ich wusste.

~~erlebten~~	warteten
~~buchten~~	gingen
dauerte	aßen
flogen	fuhren
verbot	regnete
stiegen … ein	nahmen
schwammen	erfüllten
unterbrachen	

Starthilfe

Präsens	Präteritum
ich erlebe	ich erlebte
…	…
wir <u>fliegen</u>	wir <u>flogen</u>
…	…

Verben im Plusquamperfekt

!!! Merkwissen

Wenn man sagen oder schreiben möchte, dass etwas schon passiert war, bevor etwas anderes begann, verwendet man das **Plusquamperfekt**. Auch das Plusquamperfekt wird mit **haben** oder **sein** gebildet.

Vanessa kennt das mittelamerikanische Land Nicaragua aus dem WZG-Unterricht. Im Internet fand sie Informationen über eine Schule in El Jicaral.

Vanessa erfuhr von den finanziellen Problemen[1] der Schule Jose Marti in dem Ort El Jicaral. Sie hatte im August über das Internet Verbindung zu der Schule aufgenommen.
Bald stand Vanessa in einem Online-Kontakt[2] mit Herrn Cabrera. Seine Klasse war schon seit längerer Zeit um die Beschaffung von Geldern bemüht gewesen. Die Probleme in der Schule in El Jicaral bestanden bereits seit einer Weile. Der Staat hatte die Mittel[3] für Schulen gekürzt.

1 In dem Text kommen die Zeitformen Präteritum und Plusquamperfekt vor.
a. Lies noch einmal genau die jeweils zusammengehörenden Sätze. Überlege, was zuerst und was danach geschehen ist.
b. Unterstreiche die Verbformen im Präteritum blau.
c. Umkreise die Verbformen im Plusquamperfekt blau.

!!! Merkwissen

Konjunktionen (Bindewörter) verbinden Sätze. Mit **nachdem** und **bevor** kannst du ausdrücken, wann etwas passiert.

Vanessa erhielt von Herrn Cabrera in einer E-Mail genauere Informationen über die Lage in seiner Schule.

2 Setze in den Text passende Verbformen im Plusquamperfekt ein.

zerstören
aufbauen
gehen
reparieren

In der Schule in El Jicaral fehlte vieles, zum Beispiel Bücher, Hefte und Schreibmaterial. Nachdem auch noch der Hurrikan „Mitch“ das Land ______________________, ging es allen Dorfbewohnern noch schlechter. Bevor sie sich um das zerstörte Schulgebäude kümmern konnten, ______________ sie zuerst ihre eigenen Häuser ______________. Doch nachdem sie ihre Häuser wieder ______________________, konnte der Unterricht trotzdem nicht gleich weitergehen. Bevor die Dorfbewohner beim Wiederaufbau der Schule helfen konnten, ____________ sie tagelang zum Aufräumen auf die Felder ____________________.

[1] die finanziellen Probleme: die Probleme mit dem Geld. [2] der Online-Kontakt: ein Kontakt über das Internet. [3] die Mittel: hier: das Geld, die finanzielle Unterstützung.

3 Lies den Text auf Seite 62 noch einmal.
Was war zunächst geschehen, und was geschah danach?
Bilde aus den Satzgefügen jeweils zwei Hauptsätze:
einen Hauptsatz im Plusquamperfekt und
einen Hauptsatz im Präteritum.
Schreibe die Hauptsätze auf die Linien.

Sätze im Plusquamperfekt	Sätze im Präteritum
Zuerst hatte der Hurrikan ______	Danach ging es allen Dorfbewohnern ______
______	______
______	______
______	______
______	______
______	______
______	______

Vanessa erschrak sehr über die Nachrichten aus El Jicaral.
Sie beschloss, Hilfe für die Schule zu organisieren.

4 Schreibe passende Konjunktionen und Verbformen im Plusquamperfekt in die Lücken.
Verwende die Vorschläge aus der Randspalte.

______ Vanessa sich umfassend ______, stand ihr Entschluss fest: Sie würde an ihrer Schule einen Sponsorenlauf[1] planen und vorbereiten. Der Erlös sollte der Partnerschule zugutekommen. ______ Vanessa einen genauen Plan erstellte, ______ sie auch ihre Schulleitung ______. Und tatsächlich: ______ der Lauf ______, konnte Vanessa fast 2 000 Euro an die Schule in El Jicaral überweisen.

bevor
stattgefunden hatte
nachdem
hatte ... überzeugt
nachdem
informiert hatte

[1] der Sponsorenlauf: Die Einnahmen und Siegprämien eines Laufes werden für einen guten Zweck gespendet. Die Kosten für die Organisation des Laufes übernehmen dabei Sponsoren (Unternehmen oder Privatpersonen).

Wörtliche Rede indirekt ausdrücken

Ein Gespräch schriftlich wiedergeben

!!! Merkwissen

In manchen schriftlichen Texten, zum Beispiel in einer Inhaltsangabe, darf **keine wörtliche Rede** vorkommen.

In einer Inhaltsangabe muss die wörtliche Rede eines Gesprächs indirekt wiedergegeben werden. Auch in einem Brief oder einer E-Mail kannst du die wörtliche Rede in indirekte Rede umwandeln.

Ein Gespräch zwischen Meryem und Fabiana

1 „Kawa ist echt nett, finde ich."

2 „Wie kommst du denn jetzt darauf?"

3 „Ich mein' nur ...
Er hat mir neulich geholfen."

4 „Wobei denn das?"

5 „Ach, das war so: Montag wäre ich fast zu spät zur ersten Stunde gekommen. Ganz hinten in der Hauptstraße habe ich dann Kawa mit seinem Rad getroffen. Er hat mir das Rad geliehen. Deshalb war ich pünktlich und er kam zu spät."

6 „Echt süß! Fabiana und Kawa ...
Du findest ihn also cool.
Soll ich mal mit ihm darüber sprechen?"

7 „Nee, lieber nicht ... Er bekommt dann wieder einen roten Kopf – wie eine Tomate."

8 „Na gut. Du, wir müssen jetzt zum Sport!"

!!! Merkwissen

In einem Brief oder einer E-Mail kann die wörtliche Rede **indirekt** umschrieben werden.

Am Abend berichtet Meryem ihrer Freundin Caro in einer E-Mail von dem Gespräch.

Tipp 1: Gib nur die wichtigsten Informationen eines Gesprächs wieder.

1 Welche Informationen im Gespräch der beiden Mädchen sind wichtig? Unterstreiche sie.

Tipp 2: Umschreibe die wörtliche Rede mit dass-Sätzen.

2 Lies noch einmal die 1. und die 5. wörtliche Rede.
Bilde daraus dass-Sätze und schreibe sie auf.

Fabiana sagte, dass sie Kawa ______

Sie erzählte, dass sie am Montag fast ______

______

Sie sagte, dass ______

______

Sie erzählte, ______

Fabiana stellte fest, ______

______

Tipp 3: Umschreibe Begründungen in der wörtlichen Rede mit weil-Sätzen.

3 Gib mit weil-Sätzen die 6. und 7. wörtliche Rede wieder.
Schreibe auf, was Meryem in die E-Mail schreibt.

Ich wollte mal mit Kawa sprechen, weil Fabiana ______

Fabiana lehnte meinen Vorschlag ab, ______

______

4 Gib nun das gesamte Gespräch zwischen Meryem und Fabiana wieder.
Schreibe dazu Meryems E-Mail noch einmal auf.

______

______

______

______

______

______

Satzglieder

Adverbiale Bestimmungen des Ortes

!!! Merkwissen

Mit einer **adverbialen Bestimmung des Ortes** kann man ausdrücken, **wo** etwas geschieht. Nach der adverbialen Bestimmung des Ortes fragt man mit wo? oder wohin?.

Nina hat ihr Praktikum im Café Hase gemacht. Sie erzählt Anna darüber.

1 Wo oder wohin?
Ordne die adverbialen Bestimmungen aus den Sprechblasen in die passende Spalte der Tabelle ein.

Adverbiale Bestimmungen des Ortes	
Wo?	**Wohin?**
~~im Café~~	

2 Schreibe passende Wortgruppen aus den Sprechblasen in die Lücken.

Die Gäste haben gemütlich im Café ______ gesessen, aber ich bin den ganzen Tag hin- und hergelaufen. Ständig hieß es: „Achte darauf, dass saubere Tischtücher ______________________ liegen. Räum schnell das Geschirr ______________________!“ Aber die Arbeit hat Spaß gemacht. Manchmal habe ich auch ________________ geholfen. Dort habe ich das Geschirr ______________ geräumt. Oft bin ich ______________ gelaufen. Denn ______________ steht ein großer Kühlschrank und ich habe neue Kuchen und Torten ______________ gebracht.

Adverbiale Bestimmungen der Zeit

**Sascha hat sein Praktikum in einer Bäckerei gemacht.
Er berichtet seinem Freund darüber.**

1 Wann ging Sascha aus dem Haus? Wie lange hat er gearbeitet?
Frage nach den adverbialen Bestimmungen der Zeit.
Unterstreiche sie mit einer Wellenlinie.

Ich ging um halb sechs aus dem Haus. Um 7.00 Uhr kam ich in der Bäckerei Lange an. Ich habe morgens den Kuchenteig ausgerollt. Kurze Zeit später habe ich die Kuchenbleche in den Ofen geschoben. Gegen 10.00 Uhr habe ich meine Frühstückspause gemacht. Einige Male durfte ich zum Ausliefern der Kuchen mitfahren. Ich habe sechs Stunden gearbeitet.

!!! Merkwissen

Mit einer **adverbialen Bestimmung der Zeit** kann man ausdrücken, **wann** etwas geschieht. Nach der adverbialen Bestimmung der Zeit fragt man mit wann?, wie lange? oder wie oft?.

Saschas Freund hat noch einige Fragen.

2 a. Beantworte die Fragen in vollständigen Sätzen.
Die adverbialen Bestimmungen in der Randspalte helfen dir.
b. Unterstreiche die adverbialen Bestimmungen mit einer Wellenlinie.

Wann hast du die Bleche abgewaschen?

____

____

Wie oft durftest du zum Ausliefern der Kuchen mitfahren?

____

____

Wie lange dauerte die Frühstückspause?

____

Wann hattest du Feierabend?

____

Wann hast du geholfen, Roggenbrot zu backen?

____

____

nach der Frühstückspause
eine halbe Stunde
jeden Dienstag
um 13.00 Uhr
jeden zweiten Tag

Adverbiale Bestimmungen der Art und Weise

!!! Merkwissen

Mit einer **adverbialen Bestimmung der Art und Weise** kann man ausdrücken, **wie** oder **auf welche Art und Weise** etwas geschieht.
Nach der adverbialen Bestimmung der Art und Weise fragt man mit wie?.

Natalie hat in einem Supermarkt einen Praktikumsplatz gefunden. Sie erzählt ihrer Freundin davon.

Ich mache mein Praktikum im Supermarkt Schöne. Für das Praktikum habe ich viele gute Vorsätze:
Mit meiner Chefin will ich immer besonders freundlich reden.
Ich werde ganz schnell arbeiten. Die Fragen von den Kunden will ich höflich beantworten. Zur Arbeit möchte ich besonders pünktlich erscheinen. Ich werde mich immer hilfsbereit zeigen. Mit der Ware will ich immer sehr vorsichtig umgehen.

1 Die adverbialen Bestimmungen der Art und Weise sind hervorgehoben.
a. Frage mit wie nach den adverbialen Bestimmungen.
b. Schreibe die Fragen auf.

Wie will Natalie immer mit ihrer Chefin reden?

Natalie erzählt ihrem Opa nach dem Praktikum, wie sie die Zeit erlebt hat.

Meine Chefin behandelte mich sehr freundlich. Die Kollegen erklärten mir geduldig, was ich tun soll. Bald konnte ich den Kunden schnell antworten. Jeden Morgen ging ich gut gelaunt in den Supermarkt, denn ich habe sehr gern dort gearbeitet. Die Tage vergingen viel zu schnell.

2 Finde in den Sätzen die adverbialen Bestimmungen der Art und Weise.
a. Frage nach den adverbialen Bestimmungen.
b. Schreibe nur die adverbialen Bestimmungen auf.

sehr freundlich,

Adverbiale Bestimmungen des Grundes

Piotr hat sein Praktikum in einer Hotelküche gemacht.

Piotr ging wegen des frühen Aufstehens früh zu Bett.

Das Praktikum machte ihm wegen der freundlichen Leute viel Spaß.

Wegen der hohen Regale musste Piotr oft jemanden um Hilfe bitten.

Piotr hat in der Zeit wegen des guten Essens ein Kilo zugenommen.

!!! Merkwissen

Mit einer **adverbialen Bestimmung des Grundes** kann man ausdrücken, **warum** etwas geschieht.
Nach der adverbialen Bestimmung des Grundes fragt man mit warum?, weshalb? oder weswegen?.
Adverbiale Bestimmungen des Grundes können mit **wegen** beginnen.

1 a. Frage mit weshalb?, warum? oder weswegen? nach den adverbialen Bestimmungen des Grundes.
b. Schreibe die Fragen auf.
c. Schreibe als Antwort nur die adverbialen Bestimmungen auf.

Warum ging Piotr zeitig zu Bett? wegen des frühen

Adverbiale Bestimmungen mit wegen sind sehr eintönig und werden nur selten benutzt. Um den gleichen Inhalt auszudrücken, kannst du auch Adverbialsätze verwenden.

!!! Merkwissen

Adverbialsätze sind adverbiale Bestimmungen in der Form eines Nebensatzes.

2 a. Schreibe die Sätze aus Aufgabe 1 um. Ersetze dabei die Wortgruppen mit wegen durch Adverbialsätze mit weil oder da.
b. Unterstreiche die Adverbialsätze mit einer Wellenlinie.
Tipp: Die Wortgruppen in der Randspalte helfen dir.

Piotr ging zeitig zu Bett, weil er früh aufstehen musste.

~~aufstehen musste~~
gut war
freundlich waren
zu hoch waren

Satzgefüge

Haupt- und Nebensätze verbinden

!!! Merkwissen

Satzgefüge bestehen aus **Haupt-** und **Nebensatz**. Die mit **wenn**, **weil**, **dass**, **als** eingeleiteten Sätze sind **Nebensätze**. Sie werden durch **Komma** vom Hauptsatz abgetrennt. In einem **Nebensatz** steht das gebeugte **Verb** immer **am Ende**.

Starthilfe

Wisst ihr, dass es Turmspringen erst seit 1904 bei Olympischen Spielen gibt?
…

Hendrik hält ein Referat über das Turmspringen. Zu Beginn macht er seine Mitschüler auf diese Sportart neugierig.

1 a. Wie lauten Hendriks Fragen? Schreibe die Satzgefüge in dein Heft. Denke an das Komma zwischen Hauptsatz und Nebensatz.
b. Markiere in jedem Satzgefüge die Konjunktion dass.
c. Umkreise das Verb am Ende des dass-Satzes gelb.

Wisst ihr, dass

Hättet ihr gedacht, dass

Könnt ihr euch vorstellen, dass

Ist euch bekannt, dass

Habt ihr schon einmal gehört, dass

es Turmspringen erst seit 1904 bei Olympischen Spielen gibt?

diese Sportart als Felsenspringen uralt ist?

ein Sprung höchstens eineinhalb Sekunden dauert?

der Aufprall auf dem Beckenboden die größte Gefahr ist?

Turmspringen auch Wasserspringen genannt wird?

Hendrik berichtet in seinem Referat anschließend über seine Erfahrungen beim Turmspringen.

2 Welcher Hauptsatz aus Hendriks Referat gehört zu welchem Nebensatz?
a. Verbinde die Hauptsätze durch Striche mit den richtigen Nebensätzen.
b. Schreibe die vollständigen Satzgefüge in dein Heft. Denke an das Komma zwischen Hauptsatz und Nebensatz.
c. Markiere in jedem Satzgefüge die Konjunktion.
d. Umkreise das Verb am Ende des Nebensatzes gelb.

Ich hatte richtig Angst ○	○ als ich vor Jahren zum ersten Mal auf dem Zehner stand.
Mir wird heute noch schlecht ○	○ damit die Angst nicht zu groß wurde.
Ich sprang natürlich zunächst mit den Füßen zuerst ○	○ wenn ich daran zurückdenke.
Ich habe die Schraube und den doppelten Salto erlernt ○	○ nachdem ich beide Figuren oft geübt hatte.
Ich habe bis heute große Fortschritte gemacht ○	○ obwohl es mir anfangs keiner zutraute.

Anschließend äußern sich die Mitschülerinnen und Mitschüler zu Hendriks Referat.

Ich musste lachen. Dein Füller fiel vom Tisch.

Du nimmst mich nächste Woche einmal mit zum Training. Ich hoffe es.

Ich komme morgen in die Schwimmhalle. Ich kann dir beim Training zuschauen.

Mir hat das Referat besonders gut gefallen. Du hast auch Poster und Fotos gezeigt.

Turmspringen gab es bei den Olympischen Spielen schon früher. Ich behaupte es.

Ich habe interessiert zugehört. Du hast auch über dich erzählt.

Es hat geklingelt. Du warst mit dem Referat fertig.

Dein Referat war toll. Du hast frei gesprochen.

Du hast übermorgen den nächsten Wettkampf. Ich möchte gern zuschauen.

3 Was sagen die Mitschülerinnen und Mitschüler?

a. Verbinde die Hauptsätze in den Sprechblasen zu Satzgefügen aus Hauptsatz und Nebensatz.
   Tipp: Die passenden Konjunktionen findest du in der Randspalte.
   Denke an das Komma zwischen Hauptsatz und Nebensatz.

b. Markiere in jedem Satzgefüge die Konjunktion.

c. Umkreise das Verb am Ende des Nebensatzes gelb.

Ich musste lachen, weil dein Füller vom Tisch fiel. Ich hoffe,

wenn	dass
~~weil~~	weil
damit	weil
dass	weil
als	

!!! Merkwissen

Nebensätze, die mit der, das oder die eingeleitet werden, sind **Relativsätze**. Sie werden vom Hauptsatz durch ein **Komma** abgetrennt. Steht der Relativsatz in der Mitte, setzt man vor und hinter dem Relativsatz ein Komma.

Im folgenden Text kannst du dich über die Schulsituation in der Republik Südafrika während der Apartheid[1] informieren.

Die farbigen Kinder trennte man während der Apartheid in den Schulen von den weißen Kindern, die bessere Bücher und Unterrichtsräume bekamen.
Der Schulbesuch wurde für ein farbiges Kind, das jedes Schulbuch selbst bezahlen musste, noch zusätzlich erschwert.
Farbige Kinder wurden oft von einem Lehrer unterrichtet, der schlechter ausgebildet war als ein Lehrer für weiße Kinder.

1 Die Nebensätze im Text beziehen sich immer auf ein Nomen.
a. Kreise in den Nebensätzen der, das oder die ein.
b. Markiere die Nomen farbig, auf die sich der, das oder die jeweils beziehen.
c. Kreise nun auch die Artikel der Nomen ein.

Den folgenden Text über die heutige Schulsituation in Südafrika kannst du interessanter gestalten, wenn du Relativsätze verwendest.

Die Südafrikaner besuchen zuerst sieben Jahre lang die Grundschule.
Die Grundschule ist für alle kostenlos.
Mit der achten Klasse wechseln sie in die Sekundarstufe.
Die Sekundarstufe kostet Gebühren.
Der neue Lehrplan wurde erst 2005 in den Schulen eingeführt.
Der neue Lehrplan soll Gleichheit in der Schule und der Bildung sichern.
Trotzdem ist ein farbiger Schüler noch oft benachteiligt.
Ein farbiger Schüler lebt in schlechteren Wohngebieten mit weniger Schulen.

2 Die blauen Sätze beziehen sich auf die blauen Wörter.
a. Forme die blauen Sätze in Relativsätze um.
Tipp: Setze die gebeugte Verbform immer ans Ende des Relativsatzes.
b. Schreibe vollständige Satzgefüge mit Relativsätzen in dein Heft.
Tipp: Füge den Relativsatz immer hinter dem blauen Wort ein.

Starthilfe
Die Südafrikaner besuchen zuerst sieben Jahre lang die Grundschule, die für alle kostenlos ist.
...

[1] die Apartheid: *früher* die Trennung zwischen Farbigen und Weißen in Südafrika.

Satzreihen bilden

Die folgenden Sätze über die heutige Schulsituation in Südafrika hängen gedanklich zusammen.

1 Verbinde die Sätze mit Hilfe der Konjunktionen denn, aber oder doch zu Satzreihen.
a. Überlege:
- Wird ein Grund angegeben? Dann wähle denn aus.
- Wird ein Gegensatz genannt? Dann wähle aber oder doch aus.

Schreibe die Satzreihen auf.
Tipp: Setze ein Komma vor denn, aber, doch.
b. Markiere die Konjunktionen farbig.

Das Leben vieler Südafrikaner hat sich nach der Apartheid verbessert.

Es gibt noch immer Ungleichheiten.

Auf dem Land haben die Kinder manchmal einen Schulweg von mehr als fünf Kilometern.

In den Wohngebieten der Farbigen gibt es nicht genügend Lehrer.

Der Unterricht findet oft unter freiem Himmel statt.

Es fehlen Klassenräume.

Neben den Kindern müssen auch Erwachsene unterrichtet werden.

Es gibt viele Analphabeten.

Einige Schulen haben Strom.

In vielen Gebäuden gibt es kein Wasser.

Analphabeten finden sich vor allem unter den Farbigen.

Sie konnten während der Apartheid keine Schule besuchen.

Auch an den Schulen hat sich heute einiges verbessert.

Gerade in den ärmeren Gegenden fehlt Geld.

!!! Merkwissen

Zwei oder mehrere Hauptsätze können in einem Satz nebeneinanderstehen. Diese Sätze nennt man **Satzreihen**. Die Hauptsätze in den Satzreihen können durch **Konjunktionen** verbunden sein. Vor den Konjunktionen aber, denn, doch steht ein **Komma**.

Starthilfe

Das Leben vieler Südafrikaner hat sich nach der Apartheid verbessert, doch es gibt …

Arbeitstechniken

den Textknacker wiederholen S. 6–11

Textknacker

Mit Hilfe des Textknackers kannst du Texte leichter lesen und verstehen.

- Die **Bilder** über und neben dem Text helfen dir, den Text zu verstehen.
- Die **Überschrift** sagt dir, was das **Thema** ist.
- **Absätze** gliedern den Text.
- Manche **Wörter** werden **am Rand** oder **unter dem Text** erklärt.
- **Schlüsselwörter** sind besonders wichtige Wörter.
- Suche Wörter, die du nicht verstehst, im **Lexikon**.

Nachschlagen S. 10, 21, 53

Im Lexikon oder Wörterbuch nachschlagen

- Du musst **das Abc kennen**.
- **Links oder rechts oben** auf der Seite des Wörterbuchs oder des Lexikons steht **der Buchstabe** des Alphabets, unter dem du suchen musst. Brot findest du unter B.
- Wenn die Wörter mit demselben Buchstaben beginnen, musst du dich auch **nach dem zweiten Buchstaben richten**. Scheren steht vor Segel.
- Manchmal musst du sogar **den dritten, vierten oder fünften Buchstaben ansehen**. Scheren – Schießpulver – Schrank – Schrot – Segel

Referat S. 12–15

Ein Referat vorbereiten

Mit einem Referat kannst du andere über ein Thema informieren.

1. Schritt: Suche ein **Thema** aus.
2. Schritt: Beschaffe dir **Informationen** (Texte, Bücher, Internet) zu dem Thema.
3. Schritt: **Lies** die Texte, **markiere Wichtiges** und mache dir **Notizen**.
4. Schritt: **Gliedere** das Referat und ordne deine Notizen.
5. Schritt: **Übe**, das Referat vorzutragen.

Gestaltung einer Folie für die Computerpräsentation

- Bringe **nicht zu viele Inhalte** auf eine Folie. Verwende lieber **mehrere Folien**.
- Schreibe **nur wenige Stichworte** (einzelne Wörter) auf jede Folie.
- Benutze für die Stichworte **eine große, lesbare Schrift**.
- Gestalte die Schrift und den Hintergrund **farbig**, aber **nicht zu bunt** und unruhig. **Hebe** besondere Gedanken durch Farbe und Schrift **hervor**.
- Gestalte die **Überschriften** und Teilüberschriften besonders.
- Füge passende **Bilder, Fotos, Grafiken** ... ein.

Folien präsentieren

- Probiere vor dem Vortrag aus, ob die technischen **Geräte funktionieren**.
- Stelle dich so hin, dass dich **alle sehen** können.
  Achte darauf, dass du die **Folien nicht verdeckt**.
- Sprich **frei** und **in ganzen Sätzen**.
- **Orientiere dich** an den **Karteikarten** mit deinen Stichworten.
- **Zeige** an den passenden Stellen auf die Folien und **erkläre** sie mit eigenen Worten.
- **Schaue** die Zuschauerinnen und Zuschauer **an**.
- **Erkundige** dich zum Schluss, ob es noch Fragen zum Thema gibt.

Ein Referat halten

- **Stelle** dich so **hin**, dass dich **alle sehen** können.
- **Orientiere** dich an deiner **Gliederung**, an deinen **Stichworten**, deinen **Notizen** und an deinen **Folien**.
- Versuche, **frei zu sprechen**. Sprich in **ganzen Sätzen**.
- Sprich **langsam** und **deutlich**. Mache sinnvolle **Pausen**.
- **Sieh** beim Sprechen die Zuhörer **an**.
- Verwende **Anschauungsmaterial**.

Referate S. 12–15

Ideensammlung: Mind-Map

Eine Mind-Map ist eine **„Gedankenlandkarte“**.

▸ Mit einer Mind-Map kannst du **Ideen sammeln**.
▸ Dabei **ordne** auch deine Gedanken.

- Schreibe das **Thema in die Mitte** eines leeren Blattes.
- **Rahme** das Thema ein.
- Zeichne **Linien** von der Mitte, also vom Thema aus.
- Schreibe wichtige **Stichworte** zum Thema auf die Linien.
- Zeichne **Abzweigungen** von den Linien.
- Schreibe **Unterpunkte** auf die Abzweigungen.

Mind-Map S. 22

Bewerben

Einen offiziellen Brief schreiben

offizieller Brief S. 26–29

- Schreibe einen offiziellen Brief möglichst mit dem **Computer**.
- Schreibe den Brief auf **Blanko-Schreibpapier** mit der Größe **DIN A4**.
- Benutze **Umschläge** mit der Größe **DIN C4**.
- Ein offizieller Brief sollte Folgendes enthalten:
  - den **Absender** in der oberen linken Ecke des Briefbogens
  - darunter die Adresse des **Empfängers** (zwischen Absender und Empfänger zwei Leerzeilen lassen)
  - den **Ort** und das **Datum**, neben dem Absender, aber auf der rechten Seite des Briefes
  - eine **Betreff-Zeile**, die in knapper Form sagt, worum es in dem Brief geht, danach zwei Leerzeilen
  - die **Anrede**
  - den **Text**
  - die **Unterschrift**
  - die **Anlagen**, sie sollen am Schluss des Briefes aufgezählt werden.

Einen Lebenslauf überarbeiten

Lebenslauf überarbeiten S. 30–31

Überprüfe, ob du diese Tipps beachtet hast:
- Schreibe nur die **wichtigen Angaben** auf.
- Schreibe die Angaben in der **richtigen Reihenfolge** auf.
- Korrigiere zum Schluss **Rechtschreibfehler**.

Beschreiben

Einen Arbeitsvorgang beschreiben

Arbeitsvorgang beschreiben S. 32–35

- Schreibe in der **Überschrift** auf, um welchen Arbeitsvorgang es sich handelt.
- Nenne zu Beginn alle **Materialien und Hilfsmittel**, die du für den Arbeitsvorgang benötigst.
- Beschreibe nun jeden **Arbeitsschritt**.
  Beachte die richtige Reihenfolge der Arbeitsschritte.
- Beschreibe zum Schluss das **Ergebnis** des Arbeitsvorgangs.
- Verwende **treffende Adjektive**.
- Mache auf besonders **Wichtiges** aufmerksam.
- Gestalte die Beschreibung des Arbeitsvorgangs **anschaulich**.

Berichten

Berichten

Tagesbericht schreiben S. 36–37
einen tabellarischen Tagesbericht schreiben S. 38–39

Ein Bericht soll **knapp**, **genau** und im **Präteritum** geschrieben sein.
Er soll **einfach** und **klar** Antworten auf diese Fragen geben:
- **Wann** passierte es?
- **Wer** war beteiligt?
- **Wo** passierte es?
- **Was geschah** der Reihe nach?
- **Was** ist die **Folge**?

Regeln und Tipps

Wörter mit kurzem Vokal

Nach einem kurzen Vokal (Selbstlaut) folgen meist zwei Konsonanten (Mitlaute).

- Das können zwei gleiche sein: ss, mm, nn, tt, ff, ll, pp, rr ...
  die Klasse, immer, spannend, nett, treffen, wollen, die Gruppe ...
- Das können zwei verschiedene sein: nk, rk, rz, tz ...
  danken, merken, stürzen, sitzen ...

Übungen dazu S. 40, 43–49

Wörter mit ie

Die meisten Wörter mit einem langen **i** schreibt man mit ie: Liebe, Brief, Frieden.

Übungen dazu S. 40, 43–49

Wortstamm – Wortfamilien – verwandte Wörter

Viele Wörter sind aus mehreren Teilen zusammengesetzt – aus dem Wortstamm und aus anderen Bausteinen: zu- + -deck- + -en

- Gleiche **Wortstämme** schreibt man meist **gleich**.
- Wörter mit dem gleichen Wortstamm gehören **zu der gleichen Wortfamilie**. Sie sind **verwandte Wörter**. Das können auch zusammengesetzte Wörter sein.
- Wenn du unsicher bist, wie man ein Wort richtig schreibt, **suche verwandte Wörter, die du sicher schreiben kannst.**
- Die Vorsilben ver-, vor-, be-, ab-, ent- usw. werden immer gleich geschrieben.

Übungen dazu S. 41, 43–49

Wörter verlängern

Wenn du nicht hören kannst, mit welchem Buchstaben ein Wort endet, führe die **Verlängerungsprobe** durch.

- Oft spricht man p, t, k und schreibt doch b, d, g.
- **Suche eine längere Form** des Wortes, z.B. den Infinitiv bei Verben. Dann hörst du, welchen Buchstaben du schreiben musst: **Bleib! → bleiben**

Übungen dazu S. 41, 43–49

Nomen großschreiben: Die Merkmale wiederholen

- Prüfe, ob das Wort ein **Lebewesen** oder ein **Gegenstand** ist.
- Prüfe, ob das Wort einen **Artikel** hat oder ob du einen Artikel ergänzen kannst.
- Prüfe, ob vor dem Wort ein **Artikel** steht, der **mit einer Präposition verschmolzen** ist: beim Essen, zum Schlafen.
- Prüfe, ob das Wort einen anderen **Begleiter** hat, z. B. ein Adjektiv: große Hunde, ein Zahlwort: drei Hunde oder ein Possessivpronomen: ihre Hunde.
- Prüfe, ob das Wort die **Nachsilbe** -ung, -heit, -keit, -tum, -nis oder -schaft hat.

Übungen dazu S. 42–49

Übungen dazu S. 44

Wörter ableiten

Wenn du nicht hören kannst, ob ein Wort mit ä oder e, mit äu oder eu geschrieben wird, dann führe die **Ableitungsprobe** durch.

- **Suche verwandte Wörter** mit a oder au.
- Dann kannst du die Wörter mit ä oder äu ableiten: **die Wälder → der Wald**

Tageszeiten und Wochentage S. 50–51

Tageszeiten und Wochentage

Tageszeiten und **Wochentage** mit **s** am Ende werden kleingeschrieben: **morgens**, **montags**.
Nach **gestern**, **heute** und **morgen** werden Tageszeiten großgeschrieben.

Fremdwörter S. 52–53

Fremdwörter

Fremdwörter kann man oft an ihren Suffixen (Nachsilben) oder an ihren Präfixen (Vorsilben) erkennen. Viele Fremdwörter haben die Suffixe -tion, -ität, -(i)ell, -iv oder das Präfix inter-/Inter-: **die Qualität**, **speziell**, **aktuell**, **aktiv**, **das Interesse**.

Viele Fremdwörter haben ein langes i ohne ein e danach: **Maschine**, **mobil**.

Übungen dazu S. 54–57

Getrenntschreibung

- Wortgruppen mit **sein** schreibt man **immer getrennt**: **da sein**, **gut sein**.
- Wortgruppen aus **Nomen + Verb** schreibt man meist getrennt: **Rad fahren**.
- Diese Wortgruppen schreibt man **getrennt**: **gar nicht**, **gar nichts**, **ein bisschen**, **zu Ende**, **auf einmal**, **zu Hilfe**, **vor allem**, **nach wie vor**, **nach Hause**, **zu Hause**.
- Diese Wortgruppen aus **Adjektiv + Verb** schreibt man getrennt: **falsch machen**, **geheim halten**, **treu bleiben**, **aktiv werden**, **sauber halten**, **ruhig bleiben**.

Übungen dazu S. 55–57

Zusammenschreibung

Adjektiv und Verb werden **zusammengeschrieben**, wenn das zusammengesetzte Wort **eine neue Bedeutung** hat: **leichtfallen**, **glattgehen**.
Diese Wörter werden **immer zusammengeschrieben**: **probeweise**, **klugerweise**, **schlauerweise**, **manchmal**, **diesmal**, **einmal**, **keinmal**, **keineswegs**, **unterwegs**, **keinesfalls**, **schlimmstenfalls**, **durcheinanderlaufen**, **gegeneinanderprallen**, **aufeinandersetzen**, **vorwärtsgehen**.

Wortarten

Nomen

Aus zwei Nomen kann man ein **zusammengesetztes Nomen** bilden. Werden zwei Nomen zusammengesetzt, richtet sich der Artikel nach dem zweiten Nomen:
das Fahrrad – der Fahrradverleih   der Weg – der Heimweg
Wenn das Grundwort ein **Nomen** ist, dann ist auch das zusammengesetzte Wort ein Nomen.

Bestimmungswort	+ Grundwort	= zusammengesetztes Wort
zaubern	+ das Märchen	= das Zaubermärchen

Manchmal wird in der Mitte ein **s** oder ein **n** eingefügt:

das Glück	+ der Tag	= der Glückstag
die Tasche	+ die Lampe	= die Taschenlampe

Übungen zu Nomen S. 58–59

Verben

Verben im Perfekt
Wenn man etwas mündlich erzählt, was schon vergangen ist, dann verwendet man meist das **Perfekt**.
Das Perfekt wird mit **haben** oder **sein** gebildet.

Verben im Präteritum
Wenn man über etwas schriftlich erzählt oder berichtet, was schon vergangen ist, dann verwendet man das **Präteritum**.
Bei manchen Verben ändert sich im Präteritum der Wortstamm:
ich weiß – ich wusste.

Verben im Plusquamperfekt
Wenn man sagen oder schreiben möchte, dass etwas schon passiert war, bevor etwas anderes begann, verwendet man das **Plusquamperfekt**.
Auch das Plusquamperfekt wird mit **haben** oder **sein** gebildet.

Übungen zu Verben S. 60–63

Konjunktionen

Konjunktionen (Bindewörter) verbinden Sätze. Mit **nachdem** und **bevor** kannst du ausdrücken, wann etwas passiert.

Übungen zu Konjunktionen S. 62

Wörtliche Rede

In manchen schriftlichen Texten, zum Beispiel in einer Inhaltsangabe, darf **keine wörtliche Rede** vorkommen.
In einem Brief oder einer E-Mail kann die wörtliche Rede **indirekt** umschrieben werden.

Übungen zur wörtlichen Rede S. 64–65

Grammatik

Satzglieder

Mit einer **adverbialen Bestimmung des Ortes** kann man ausdrücken, **wo** etwas geschieht. Nach der adverbialen Bestimmung des Ortes fragt man mit wo? oder wohin?.

Mit einer **adverbialen Bestimmung der Zeit** kann man ausdrücken, **wann** etwas geschieht. Nach der adverbialen Bestimmung der Zeit fragt man mit wann?, wie lange? oder wie oft?.

Mit einer **adverbialen Bestimmung der Art und Weise** kann man ausdrücken, **wie** oder **auf welche Art und Weise** etwas geschieht.
Nach der adverbialen Bestimmung der Art und Weise fragt man mit wie?.

Mit einer **adverbialen Bestimmung des Grundes** kann man ausdrücken, **warum** etwas geschieht. Nach der adverbialen Bestimmung des Grundes fragt man mit warum?, weshalb? oder weswegen?.
Adverbiale Bestimmungen des Grundes können mit wegen beginnen.

Adverbialsätze sind adverbiale Bestimmungen in der Form eines Nebensatzes.

Übungen zu den adverbialen Bestimmungen S. 66–69

Satzgefüge

Satzgefüge bestehen aus **Haupt-** und **Nebensatz**. Die mit wenn, weil, dass, als eingeleiteten Sätze sind **Nebensätze**. Sie werden durch **Komma** vom Hauptsatz abgetrennt. In einem **Nebensatz** steht das gebeugte **Verb** immer **am Ende**.

Übungen zu Satzgefügen S. 70–71

Relativsätze

Nebensätze, die mit der, das oder die eingeleitet werden, sind **Relativsätze**.
Die einleitenden Wörter der, das, die sind Relativpronomen.
Sie werden vom Hauptsatz durch ein **Komma** abgetrennt.
Steht der Relativsatz in der Mitte, setzt man vor und hinter dem Relativsatz ein Komma.

Übungen zu Relativsätzen S. 72

Satzreihen

Zwei oder mehrere Hauptsätze können in einem Satz nebeneinanderstehen.
Diese Sätze nennt man **Satzreihen**.
Die Hauptsätze in den Satzreihen können durch **Konjunktionen** verbunden sein.
Vor den Konjunktionen aber, denn, doch steht ein **Komma**.

Übungen zu Satzreihen S. 73

Ausgabe Südwest

Doppel-Klick

Das Arbeitsheft 4 A

Lösungen

Seite 7

1 b. **Folgenden Satz könntest du geschrieben haben:**
Wahrscheinlich geht es in dem Text um ein Hotel oder ein Haus aus Eis.

2 c. **Deine Stichworte könnten so lauten:**
Bauen mit Eis, harte Bedingungen in großer Kälte, Kapelle völlig aus Eis, man kann dort heiraten, Betten aus Eisblöcken, bedeckt mit wärmenden Schichten, Übernachtung kostet ca. 190 Euro, Eingangshalle aus Eis-Säulen

Seite 8

3 c. + **4**
Deine Überschriften und Schlüsselwörter könnten so lauten:

1. Absatz
Überschrift: Eine Stadt aus Eis und Schnee
Schlüsselwörter: Jukkasjärvi, schwedische Stadt, 200 km nördlich des Polarkreises, Monatelang Eis und Schnee, minus 40 Grad Celsius

2. Absatz
Überschrift: Jedes Jahr ein Hotel aus Eis
Schlüsselwörter: Oktober, Schneekanonen, weiße Baumaterial, freistehende Schneegewölbe, Winterparadies, 60 Zimmer

3. Absatz
Überschrift: Innendesign von Künstlern
Schlüsselwörter: Eis-Bar, Eis-Kapelle, Eis-Kino, Eis-Bildschirm, Camping-Toiletten, Zimmertemperaturen zwischen minus 4 und minus 9 Grad, Rentierfelle, Eis-Betten, „Lingonberry-Juice“, Sauna-Gang

(noch zu Seite 8, Aufgabe 3 c. + 4)

4. Absatz
Überschrift: Die Polarnacht
Schlüsselwörter: Einwohner während der Polarnacht Arbeit, Touristen aus aller Welt, Polarlichter, 2000 m hohe Berge

5. Absatz
Überschrift: Das Wasser-Hotel
Schlüsselwörter: April, Sonne, Wasser, Fluss Torne

Seite 9

5 b. Im Juni fallen in Jukkasjärvi die meisten Niederschläge und von Dezember bis Februar die geringsten.
Im Juli beträgt die Temperatur 13 Grad Celsius.
In den Monaten Januar, Februar und Dezember ist es in Jukkasjärvi am kältesten.
Im Oktober kann mit dem Bau des Hotels begonnen werden.

6 Die Schneekanone ist eine Maschine, die aus einem Luft-Wasser-Gemisch Schnee herstellt und auf die Piste sprüht.
Die Kapelle ist eine kleine Kirche oder ein Teil einer großen Kirche.
Die Polarnacht ist ein Zeitraum in den Polargebieten. Während eines Tages steigt die Sonne nicht vollständig über den Horizont. Es ist also ständig dunkel.

Seite 10

7 c. **Sicher hast du folgende Erklärung markiert:**
1. Gesamtheit der zu einem Betrieb, Unternehmen, Haus, Hof o. Ä. gehörenden Einrichtungsgegenstände und Vermögenswerte (einschließlich Schulden).

9 c. **Diese Erklärung könntest du aufgeschrieben haben:**
Lingonberry-Juice ist ein Saft aus Preiselbeeren.

Seite 13

2 a. **Folgende Stellen könntest du markiert haben:**
km^2 groß, wie viele Einwohner?, Hauptstadt:

c. 3640 km^2, 750 000 Einwohner, Palma

3 **Folgende Notizen könntest du durchgestrichen haben:**
Reisekataloge im Reisebüro besorgen, (heute Abend Micha nach Tauchkurs fragen!), Gibt es da wohl auch Sportkurse am Strand?, In welchem Hotel hat Mama vor zwei Jahren gewohnt?, (unbedingt Mama erzählen)

4 **Sicher hast du die Notizen folgendermaßen zugeordnet:**
Zahlen und Daten:
3640 km^2 groß, größte Insel der Balearen, zwischen 39. und 40. Breitengrad, 3000 Stunden Sonne im Jahr, von Nord nach Süd: ca. 140 km / von West nach Ost: ca. 180 km, ca. 1500 Pflanzenarten, ca. 100 Orchideenarten, mehr als 200 Buchten und Strände

Klima:
Mittelmeerklima: heiße, trockene Sommer - feuchte, milde Winter, immer grün, Insellage im Meer bestimmt das Klima: im Sommer kühlend, im Winter erwärmend

Umweltprobleme:
Probleme: wachsende Müllberge, zubetonierte Küsten (Ostküste), Wasserknappheit

Sprache:
Amtssprache: katalanisch (catalán) und spanisch (kastilisch), Mallorqui ist Dialekt des Katalanischen

(noch zu Seite 13)

5 a. + b.
Diese Überschriften und Notizen könntest du aufgeschrieben haben:
Freizeitmöglichkeiten:
wandern: Bergtouren, Radwanderer;
Paradies für Wassersportler: segeln, surfen, tauchen

Tiere und Pflanzen:
Tiere: Wildkaninchen, Feldhasen, Marder, verwilderte Ziegen, zahlreiche Vogelarten; immer grün, Mandelbaumplantagen, Ölbäume, Zitrusbäume

Seite 14

8 a. + b.
Die Insel Mallorca ist ein beliebtes Reiseziel. Jedes Jahr verbringen sieben Millionen Menschen ihren Urlaub auf dieser Insel. Mehr als ein Drittel davon reist aus Deutschland an. In meinem Referat möchte ich euch über diese Urlaubsinsel informieren.

9 **Diesen Schluss könntest du geschrieben haben:**
Warum ist Mallorca als Reiseziel so beliebt?
Nicht nur die Nähe zu Deutschland macht Mallorca zu einem beliebten Reiseziel, sondern auch die abwechslungsreiche Natur und die verschiedenen Freizeitmöglichkeiten.

Seite 18

2 **Folgenden Satz könntest du geschrieben haben:**
Das Thema der Abschlussprüfung heißt Epidemien.

3 c. Für ein Informationsblatt, das in der Schule ausgehängt wird, soll ich einen Text schreiben, der über Ursachen und Gefahren von Epidemien sowie deren Vermeidung informiert.

Seite 20

5 **Diese Aufforderungen könntest du markiert haben:**
Aufgabe 1: musst ... lesen, Kreuze ... an
Aufgabe 2: Stelle ... dar
Aufgabe 3: Erkläre

(noch zu Seite 24)

17 So könnte deine Lösung aussehen:
Grippe-Pandemien sind auch in heutiger Zeit noch sehr gefährlich. Im 20. Jahrhundert gab es drei große Grippe-Pandemien: die Spanische Grippe 1918/20, bei der weltweit 27 Millionen Menschen starben und in Deutschland 225 000, die Asiatische Grippe von 1957, bei der weltweit 1 Million Menschen starben und in Deutschland 30 000, sowie die Hongkong-Grippe von 1968, bei der weltweit 800 000 Menschen starben und in Deutschland wieder 30 000. Gegenüber der Spanischen Grippe waren die Auswirkungen der beiden folgenden Pandemien weniger verheerend, die Zahlen der beiden letzten Grippe-Pandemien haben sich dagegen relativ wenig verändert. Das deutet darauf hin, dass in dieser Zeit keine wirksameren Schutzmaßnahmen entwickelt wurden.

Seite 25

19 Folgende Stichworte könntest du notiert haben:
Wen soll ich über die Ursachen und Gefahren von Viruskrankheiten informieren? – Mitschülerinnen und Mitschüler
Wofür soll ich meinen Text verfassen? – für ein Informationsblatt, das in der Schule ausgehängt wird
Wie lang soll der Text mindestens sein? – eine Seite
Welche Rolle spielt die Rechtschreibung bei der Bewertung? – wird auch bewertet

Seite 26

1 Folgende Empfänger könntest du notiert haben:
eine Angestellte in einem Reisebüro, der Schuldirektor, eine Krankenversicherung, ein Personalchef, ein Handyanbieter, ein Vereinsvorstand

2 Das Blatt Papier muss die Größe DIN A4 haben.
Für einen offiziellen Brief sollte man weißes Papier ohne Linien und Karos benutzen. Die Größe des passenden Umschlags für DIN-A4-Schreibpapier ist DIN C4, denn ein Bewerbungsschreiben sollte möglichst nicht geknickt werden.

Seite 27

3 Was muss ein offizieller Brief enthalten? – Absender, Empfänger, Betreff, Datum, Text, Anrede, Gruß, eigenhändige Unterschrift
Wo steht der Absender? – in der linken oberen Ecke
Wo stehen Name und Adresse des Empfängers? – nach zwei Lehrzeilen unter dem Absender
Wo stehen Ort und Datum? – unter der Adresse des Empfängers, aber auf der rechten Seite des Briefes
Was steht in der so genannten Betreffzeile? – ein stichwortartiger Hinweis, worum es in dem Brief geht
Wo steht die Anrede? – unter der Betreff-Zeile
Wo steht der Gruß? – nach einer Lehrzeile unter dem Text, auf der linken Seite
Wo steht, welche Anlagen der Bewerbung hinzugefügt werden? – aufgezählt am Schluss des Briefes unter dem Gruß

Seite 28

4 Text 1: Ihre Anzeige im „Stadtanzeiger" vom 28. Februar 2006 / Bewerbung um einen Ausbildungsplatz als Bäckerin
Text 2: Betriebspraktikum im Mai 2006 / Bewerbung um einen Praktikumsplatz als Helfer in Ihrer Kindertagesstätte

5 1 Sehr geehrte Frau König
2 Sehr geehrte Damen und Herren
3 Sehr geehrter Herr Demirel

6 Sicher hast du Folgendes angekreuzt:
ein Lichtbild, ein Lebenslauf, das Halbjahreszeugnis des 8. Schuljahrs

Seite 29

7 b. **Dein Bewerbungsschreiben sieht sicherlich so aus:**

Ben Hellwig 13.04.2006
Grabenstr. 2
77775 Bruck
Tel.: (0 78 78) 13 46

Fleischerei Mett
Wursthausstr. 5
77777 Sülzdorf

Ihre Anzeige in der Brucker Zeitung vom 12.04.2006 /
Bewerbung um einen Ausbildungsplatz

Sehr geehrter Herr Mett,

in der Brucker Zeitung habe ich Ihr Ausbildungsangebot gelesen.
Deshalb bewerbe ich mich hiermit um einen Ausbildungsplatz als Metzger.
Ich würde mich sehr freuen, wenn ich mich Ihnen in nächster Zeit persönlich vorstellen könnte.

Mit freundlichen Grüßen

Ben Hellwig

Anlagen:
Lebenslauf
Lichtbild
Halbjahreszeugnis des 8. Schuljahres

Seite 30

1 a. + b.
So könntest du Dennis' Lebenslauf überarbeitet haben (die korrigierten Wörter sind kursiv geschrieben):
Mein Name ist Dennis Köster. Ich wurde am 4.9.1991 in Heidelberg geboren. ~~Ich habe dunkle Haare und Schuhgröße 42.~~ Mein Vater heißt Herbert Köster. Er wurde 1960 geboren. Er ist Gärtner. Meine Mutter heißt Maria Köster, geb. Lücke. Sie wurde 1962 *geboren*. Sie ist Hausfrau. Ich habe eine Schwester. Sie heißt Angela. Sie wurde 1985 geboren. ~~Meine Großeltern leben noch. Mit meinem Großvater gehe ich manchmal angeln.~~ Ich kam 1988 in die Grundschule. Ich wechselte im August 2002 zur Hauptschule in Heidelberg.
Ich spiele in meiner Freizeit Gitarre. ~~Ich habe einen netten Gitarrenlehrer. Bald spiele ich in einer Band.~~

(noch zu Seite 52)

Ich werde voraussichtlich 2007 die Schule mit dem *Hauptschulabschluss* beenden. Ich würde später gern als technischer *Zeichner* arbeiten. Mein Lieblingsfach ist Technik. Im letzten Sommer habe ich an einem dreiwöchigen Computerkurs teilgenommen. ~~Im Kurs waren 20 Jugendliche. Da hat es mir gut gefallen.~~

2 **So könntest du die überarbeiteten Sätze nummeriert haben:**
(1) Mein Name ist Dennis Köster. (2) Ich wurde am 4.9.1991 in Heidelberg geboren. (3) Mein Vater heißt Herbert Köster. (4) Er wurde 1960 geboren. (5) Er ist Gärtner. (6) Meine Mutter heißt Maria Köster, geb. Lücke. (7) Sie wurde 1962 geboren. (8) Sie ist Hausfrau. (9) Ich habe eine Schwester. (10) Sie heißt Angela. (11) Sie wurde 1985 geboren. (12) Ich kam 1988 in die Grundschule. (13) Ich wechselte im August 2002 zur Hauptschule in Heidelberg. (14) Ich werde voraussichtlich 2007 die Schule mit dem Hauptschulabschluss beenden. (15) Mein Lieblingsfach ist Technik.
(16) Im letzten Sommer habe ich an einem dreiwöchigen Computerkurs teilgenommen. (17) Ich spiele in meiner Freizeit Gitarre. (18) Ich würde später gern als technischer Zeichner arbeiten.

Seite 31

3 **So könntest du die Sätze verändert haben:**
1. 1998 kam ich in die Grundschule.
2. Im August 2002 wechselte ich zur Hauptschule in Heidelberg.
3. Ich werde voraussichtlich 2007 die Schule mit dem Hauptschulabschluss beenden.
4. In meiner Freizeit spiele ich Gitarre.

4 **So könntest du die Sätze verändert haben:**
Mein Vater heißt Herbert Köster. Er wurde 1960 geboren und ist Gärtner.
Meine Mutter heißt Maria Köster, geb. Lücke.
Sie wurde 1962 geboren und ist Hausfrau.

5 b. geboren, Hauptschulabschluss, Zeichner

Seite 33

2 a. + b.
So könntest du die Bilder benannt und nummeriert haben:

1 Waschlappen und Handtuch

2 Schüssel mit warmem Wasser

3 Windel

4 Latzhose

3 **So könnten deine Sätze lauten:**
Bevor das Kleinkind auf den Wickeltisch gelegt wird, müssen ein Waschlappen und ein Handtuch, eine Schüssel mit warmem Wasser, eine Windel und eine Latzhose bereitgelegt werden.

4

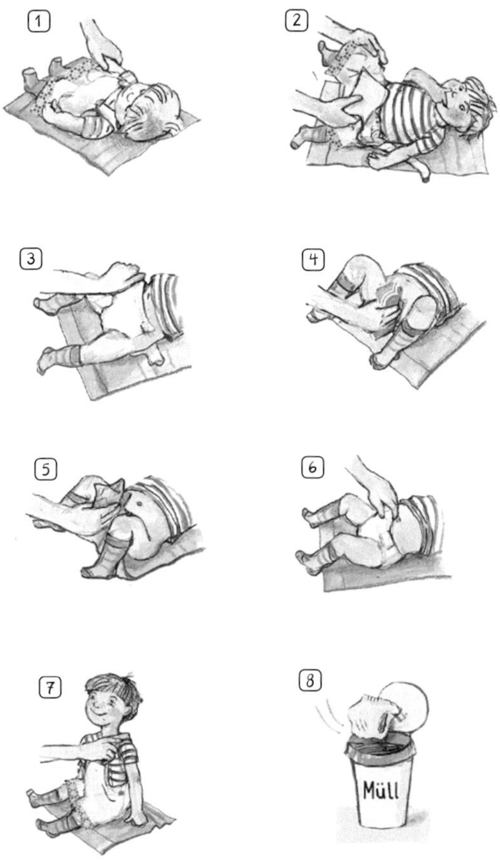

Seite 34

5 **Folgende Stichworte könntest du aufgeschrieben haben:**
1. das Kleinkind auf den Wickeltisch legen,
2. dem Kleinkind die Latzhose ausziehen,
3. die alte Windel abnehmen,
4. mit einem feuchten Lappen säubern,
5. mit einem Handtuch abtrocknen,
6. eine neue Windel anlegen,
7. eine frische Hose anziehen,
8. die gebrauchte Windel in den Mülleimer legen.

6 **Diese Sätze könntest du geschrieben haben:**
Das Kind weint und zappelt, wenn es ausgezogen wird.
Beim Abtrocknen lächelt es und plappert vor sich hin.
Wenn es fertig gewickelt ist, lacht es wieder.

7 **So könntest du das frisch gewickelte Kind beschrieben haben:**
Nun sieht es glücklich und zufrieden aus.
Es jauchzt, weil es sich wohlfühlt.

Seite 35

8 **So könntest du die Lücken gefüllt haben:**
In der Kindertagesstätte wird von 13.30 Uhr bis 15.00 Uhr Mittagsruhe gehalten. Die freundlichen Erzieherinnen schauen in regelmäßigen Abständen nach den Kindern. Die junge Erzieherin Britta muss gähnen. Sie macht mit ihren müden Kolleginnen ebenfalls Pause. Frau Kohlberg, die ernste Leiterin, hat sich in ihr Büro zurückgezogen. Im Zimmer der Kleinsten veranstaltet der hungrige Max ein lautes Geschrei.

Seite 36

1 Wann? – am Montag, den 24.04.2006, 7:00 bis 15:00
Wer? – Sergej, Schwester Karla, ich und die Bewohnerinnen und Bewohner
Wo? – im Seniorenheim Philemon, Schillerstraße 6
Was? – bei Schwester Karla melden, Essen austeilen, Tee und Kaffee kochen, mit Heimbewohnern unterhalten

Seite 37

2 a. + b.

Heute haben wir uns auf der Station sehr erschrocken. Ein alter Mann, der sonst nur im Bett lag, war am Nachmittag einfach aufgestanden und in den Flur gegangen. Dort ist er nach einer Weile bewusstlos umgefallen. Ich finde, jemand hätte ihn die ganze Zeit beaufsichtigen müssen, dann wäre das nicht passiert. Schwester Karla hat den Mann auf dem Fußboden in eine andere Lange gebracht und dann schnell um Hilfe gerufen. Zum Glück war das Telefon im Schwesternzimmer wieder in Ordnung. Es war morgens repariert worden. Zwei Altenpfleger haben den Mann vorsichtig auf eine Trage gehoben und ihn wieder in sein Zimmer getragen. Anschließend kam der Arzt, der ihn gründlich untersucht hat. Nach diesem Erlebnis hatte ich eine Pause verdient, um mich von dem Schreck erholen zu können. Ich habe ein Glas Apfelsaft getrunken. Zum Glück ist dem Mann nichts passiert, es ging ihm schon bald wieder gut. Ich muss unbedingt mit meiner Oma reden. Sie ist auch schon mal gestürzt. Sie sollte sich überlegen, ob sie ebenfalls in ein Seniorenheim mit Betreuung zieht.

Blau unterstrichene sachliche Angaben: durchgezogene Linie
Grün unterstrichene persönliche Meinungen: gestrichelte Linie

3 **Folgenden Tagesbericht könntest du geschrieben haben:**

Mittwoch, 26.04.2006
Heute Nachmittag geschah auf der Station im Seniorenheim Folgendes: Ein alter Mann, der sonst nur im Bett lag, stand einfach auf, ging auf den Flur und fiel dort bewusstlos um. Schwester Karla brachte den Mann auf dem Fußboden in eine andere Lage und rief dann schnell um Hilfe. Zwei Altenpfleger hoben den Mann vorsichtig auf eine Trage und trugen ihn wieder in sein Zimmer. Anschließend kam der Arzt, der ihn gründlich untersuchte. Dem Mann ist nichts passiert, es ging ihm schon bald wieder gut.

Seite 38

1 b. **Folgende Angaben hast du sicher gestrichen:**
In den Notizen:
... trotzdem noch müde
... zur Apotheke gegangen
... Geschenk erhalten, Erinnerungsfoto gemacht
... tut mir sehr leid
... wieder zurück
... sie hat mich gelobt
... gegessen und über das Fernsehprogramm unterhalten, ein Pfleger findet die neue Krankenhaus-Serie nicht gut
Im tabellarischen Tagesbericht:
... es gab Weißbrot mit Erdbeermarmelade – meine Lieblingsmarmelade
... dabei ist mir der Wassereimer umgekippt
... war ziemlich kalt
... haben uns erzählt, was wir gestern gemacht haben
... in einem Zimmer ist ein rosa Teppich – den finde ich scheußlich
... der war echt nett, ..., war aufregend

c.

12:00 Uhr	kurze Pause gemacht, Medikamente aus der Apotheke geholt und Schwester Karla gegeben
13:00 Uhr	Anruf vom Krankenhaus: Mann hat Lungenentzündung und muss im Krankenhaus bleiben
13:15 Uhr	Mittagspause
14:00 Uhr	Koffer für den alten Mann gepackt und ins Krankenhaus gebracht
14:45 Uhr	mit Schwester Karla meine Praktikumsbeurteilung besprochen
15:00 Uhr	Feierabend, von Bewohnern und Mitarbeitern verabschiedet

Seite 40

1 **Die berichtigten Fehlerwörter sind fett gedruckt.**
Maja, Sara, Mirko und Jan fahren dieses Jahr in den Sommerferien **nicht** weg. Deshalb möchten sie gern etwas zusammen unternehmen. Sie treffen sich in der **ersten** Ferienwoche im Eiscafé, um Pläne zu machen. Mirko **schlägt** vor, in ein Rockkonzert zu gehen. Maja möchte gern ins Freizeitbad. Dann hat Jan eine tolle Idee: „Wie wäre es, wenn wir **einen** Tagesausflug mit den **Fahrrädern** machen? Wir nehmen Badesachen und etwas zu essen mit."
Alle sind begeistert.

(noch zu Seite 40)

2 Am Morgen des Ausflugs bereiten alle etwas für das Picknick vor. Maja kocht eine Kanne Tee. Sara nimmt vier Stück Kuchen mit. Mirko bestreicht Brote mit Butter. Jan packt eine Tafel Schokolade ein.

Seite 41

3 a. + c.

fahren	fuhren
lang	längere
sehen	sahen
der Baum	Bäumen
die Zahl	zählten

4 die Brote – das Brot, tüchtiger – tüchtig, die Hände – die Hand, die Fahrräder – das Fahrrad, schmutziger – schmutzig, die Berge – der Berg

Seite 42

5 Nach dem Picknick gingen die Freunde baden. Sie schlossen ihre Fahrräder ab und nahmen ihre bunten Handtücher mit zum Wasser. Dann sprangen sie laut lachend in den blauen See. Das kalte Wasser war sehr erfrischend. Danach legten sie sich zur Erholung noch zehn Minuten an das Ufer. Nach einiger Zeit gingen sie zu ihren Rädern und fuhren langsam zurück. „Das war ein schönes Ferienerlebnis!", sagte Mirko.

Seite 43

1

die Sendung	5
das Bild	4
wusste	2
sahen	1
die Weile	5
überraschend	4

Seite 44

3 b. **Diese falsch geschriebenen Wörter hast du sicher unterstrichen:**
störung, heufig, kontrolieren, zustimment

(noch zu Seite 44)

4 a., d. + e.

Störung:	Wörter mit der Endung -ung sind Nomen	5
häufig:	Wörter mit ä oder äu sind oft von Wörtern mit a oder au abgeleitet.	3
kontrollieren:	Nach einem kurzen Vokal folgen in der Regel zwei Konsonanten.	2
zustimmend:	Wenn man das Wort verlängert, kann man das d hören.	4

5 a. **Folgendes Nomen mit -ung könntest du notiert haben:**
die Häufung

b. **Folgendes Wort könntest du aufgeschrieben haben:**
der Haufen

c. **So könntest du das Wort verlängert haben:**
zustimmenderweise

d. kontrollieren

Seite 48

8 **Folgende Wörter könntest du aufgeschrieben haben:**
er rannte, hohl, nebelig, blinken, der Brand, gefährlich, eilig, er ging, das Gebäude, das Fahrrad, spazieren, der Unfall

Seite 50

1 morgens, vormittags, mittags, nachmittags, abends, nachts
abends, nachts, morgens, vormittags, mittags, nachmittags
mittags, nachmittags, abends, nachts, morgens, vormittags

2 **Folgende Tage könntest du angekreuzt und hinter die Angebote geschrieben haben:**
Theater-AG: mittwochs
Schulfest-AG: donnerstags
Töpfern: dienstags
Boxen: freitags

(noch zu Seite 50)

3 Die Schulfest-AG trifft sich immer dienstags um 15.00 Uhr.
Die Mitglieder der Box-AG versammeln sich jeden Mittwoch erst abends in der Turnhalle.
Die Lehrerin kann jeden Samstag nur morgens für die Töpfer-AG einkaufen.
Die Theatergruppe, die sich immer montags trifft, soll beim Schulfest in der Aula Sketsche aufführen.

Seite 51

4 „Das Programm für die Austauschschüler begann damit, dass sie gestern Morgen im Pausenraum begrüßt wurden. Dann trafen wir uns gestern Nachmittag zu einem Spaziergang durch die Stadt. Und stell dir vor, gestern Abend war eine große Party in der Turnhalle! Es gab sogar Livemusik. Als Nächstes hatten wir heute Morgen gemeinsam Deutschunterricht. Eine Austauschschülerin hat sich aktiv am Unterricht beteiligt. Ich werde meine Austauschschülerin heute Nachmittag mit zu einem Besuch zu Oma nehmen. Und heute Abend gehen wir ins Kino. Alle sollen morgen Vormittag an der Chorprobe teilnehmen. Und weißt du was? Als Überraschung ist für morgen Nacht eine Nachtwanderung geplant!“

5 **So könntest du die Tageszeiten ersetzt haben:**
Meine Freundin besucht mich immer sonntags. Wir wollten vorgestern Nachmittag eigentlich die Deutscharbeit vorbereiten, die morgen Vormittag geschrieben wird – Deutscharbeiten werden bei uns nämlich oft mittwochs geschrieben. Doch dann kamen wir ins Schwatzen und lernten erst in der Nacht für die Arbeit. Deshalb müssen wir auch heute Nachmittag noch einmal üben. Das wird sich sicher lohnen!

Seite 52

1 die Beugung des Verbs: die Konjugation
die Abordnung: die Delegation
die Wirkung: die Reaktion
der Glückwunsch: die Gratulation

2 Gratulation: gratulieren
Konjugation: konjugieren
Reaktion: reagieren
Delegation: delegieren

(noch zu Seite 52)

3 b. **Folgende Bedeutungen könntest du aufgeschrieben haben:**
präsentieren: etwas vorzeigen, sich mit etwas zeigen, jemandem etwas Bestimmtes vorführen
produzieren: etwas herstellen
kombinieren: etwas Unterschiedliches miteinander verbinden

4 b. präsentieren: die Präsentation
produzieren: die Produktion
kombinieren: die Kombination

Seite 53

5

Physik	absorbieren: aufsaugen, in sich aufnehmen kondensieren: sich verflüssigen, eindicken
Mathematik	konstruieren: entwerfen subtrahieren: abziehen dividieren: teilen
Deutsch	deklinieren: (Nomen, Adjektive u. Pronomen) beugen interpretieren: (einen Text) deuten, erklären konjugieren: (Verben) beugen

6 b. Rotation ist die Drehung des Körpers um die eigene Achse.
Unter Deklination versteht man die Beugung der Nomen, Adjektive und Pronomen.
Eine Grundrechenart, bei der man malnimmt, ist die Multiplikation.
Wenn sich Gas oder Dampf durch Abkühlung zu Flüssigkeit verdichtet, nennt man dies Kondensation.

Seite 54

1 müde sein, vorbei sein, zufrieden sein, fertig sein, da sein, traurig sein, zurück sein

2 Ich verspreche, dass wir pünktlich da sein werden.
Der Trainer kann mit dem Ergebnis des Fußballspiels zufrieden sein.
Sobald Lisa aus den Ferien zurück ist, schickt sie mir ihre Fotos.
Du musst nicht traurig sein, dass du die Wette verloren hast.
Max ist froh, wenn der Sportunterricht vorbei ist.
Nach der langen Fahrradfahrt werden alle sehr müde sein.

3

Wortgruppe	Bedeutung
zu Schaden (kommen)	verunglücken
zu Hilfe (kommen)	helfen
nach wie vor	weiterhin
zu jeder Zeit	immer

4 Wir können von der Haltestelle zum Kino zu Fuß gehen. Der Weg ist nämlich gar nicht weit. Das Laufen tut uns darüber hinaus bestimmt gut. Wir planen den Rest des Nachmittags, wenn der Film zu Ende ist. Vielleicht haben wir ja auf einmal Lust, noch in die Eisdiele zu gehen. Oder wir trinken bei mir zu Hause etwas.

Seite 55

5 -weise: probeweise, klugerweise, schlauerweise
-mal: manchmal, diesmal, einmal, keinmal
-falls: keinesfalls, schlimmstenfalls
-wegs: keineswegs, unterwegs

6 Wenn du mit deinem Fahrrad fährst, bist du unterwegs.
Wenn du beim Schachspielen immer verloren hast, hast du keinmal gewonnen.
Wenn du Fieber hast, kannst du keinesfalls schwimmen gehen.
Wenn du morgen eine Arbeit schreibst, gehst du heute klugerweise früher ins Bett.

(noch zu Seite 55)

7

vorwärtsgehen

durcheinanderlaufen

aufeinandersetzen

gegeneinanderprallen

Seite 56

8 + **9** a. + b.

Adjektiv + machen	Adjektiv + halten	Adjektiv + bleiben	Adjektiv + werden
falsch machen richtig machen breit machen	sauber halten still halten	treu bleiben gesund bleiben ruhig bleiben	rot werden aktiv werden nervös werden

10 a. schwerfallen, hochspielen, glattgehen, gutmachen

b.

Adjektiv und Verb	übertragene Bedeutung	Adjektiv und Verb	übertragene Bedeutung
gutmachen	das Unrecht bereinigen	schwerfallen	Mühe bereiten
glattgehen	gut klappen	hochspielen	viel Bedeutung beimessen

Seite 57

11

zusammengeschriebene Straßennamen
Büchsenstraße Königstraße
getrennt geschriebene Straßennamen
Heilbronner Straße Osloer Straße
Straßennamen mit Bindestrich
Kurt-Georg-Kiesinger-Platz Theodor-Heuss-Straße

(noch zu Seite 57)

⓬ die Schlossstraße, die Friesenstraße, die Oststraße, der Schlossweg, der Friesenweg, der Ostweg, der Schlossring, der Friesenring, der Ostring

⓭ die Frankfurter Straße, die Kölner Straße, die Mecklenburger Straße, die Hamburger Straße, der Frankfurter Platz, der Kölner Platz, der Mecklenburger Platz, der Hamburger Platz, die Frankfurter Allee, die Kölner Allee, die Mecklenburger Allee, die Hamburger Allee, die Frankfurter Landstraße, die Kölner Landstraße, die Mecklenburger Landstraße, die Hamburger Landstraße

Seite 58

❶ **Folgende zusammengesetzte Nomen könntest du gebildet haben:**
das Fahrrad + der Verleih = der Fahrradverleih
das Zelt + der Strand = das Strandzelt
der Taucher + die Ausrüstung = die Taucherausrüstung
das Zelt + der Platz = der Zeltplatz
der Korb + der Strand = der Strandkorb
die Burg + der Sand = die Sandburg

❷ das Rettungsseil = die Rettung + s + das Seil
das Erfrischungsgetränk = die Erfrischung + s + das Getränk
der Urlaubsort = der Urlaub + s + der Ort
die Ansichtskarte = die Ansicht + s + die Karte
das Ausflugsschiff = der Ausflug + s + das Schiff

Seite 59

❸ der Langlauf, der Tiefschlaf, die Fernreise, die Rundfahrt, das Freibad, die Steilküste

❹ das Esszimmer = das Zimmer, in dem man essen kann
das Lesebuch = das Buch, in dem man lesen kann
der Spielplatz = der Platz, auf dem man spielen kann
die Trinkflasche = die Flasche, aus der man trinken kann
die Tanzfläche = die Fläche, auf der man tanzen kann
das Springseil = das Seil, mit dem man springen kann
das Schwimmbecken = das Becken, in dem man schwimmen kann
der Malblock = der Block, auf dem man malen kann

Seite 60

❶ a. + ❷

Perfekt mit sein	Perfekt mit haben
sind geflogen sind eingestiegen sind gegangen sind gefahren sind geschwommen	habe erlebt haben gebucht haben erfüllt haben unterbrochen haben gewartet hat gedauert haben gegessen hat geregnet hat verboten haben genommen

Seite 61

❶ Lieber René,
ich erlebte in den Pfingstferien etwas Tolles.
Meine Eltern buchten einen billigen Flug und wir flogen mit meinem Bruder für ein verlängertes Wochenende nach Berlin. Meine Eltern erfüllten mir damit einen Wunsch.
Nach der Ankunft stiegen wir am Bahnhof Zoo in die Buslinie 100 ein, denn diese führt an vielen Sehenswürdigkeiten vorbei. Wir unterbrachen die Fahrt immer wieder. Vor dem Reichstag warteten viele Menschen, um die berühmte Glaskuppel besichtigen zu können. Das Anstehen dauerte uns zu lange, deshalb gingen wir weiter zum Brandenburger Tor. In den Arkaden am Potsdamer Platz aßen wir dann ein Eis.
Am zweiten Tag fuhren wir mit der S-Bahn zum Wannsee. Aber es regnete, deshalb verbot uns mein Vater, schwimmen zu gehen. Als Ersatz nahmen wir die nächste Fähre nach Kladow. So schwammen wir auch – aber *auf* dem Wannsee.

2

Präsens	Präteritum
ich erlebe	ich erlebte
sie buchen	sie buchten
wir fliegen	wir flogen
sie erfüllen	sie erfüllten
wir steigen ein	wir stiegen ein
wir unterbrechen	wir unterbrachen
sie warten	sie warteten
es dauert	es dauerte
wir gehen	wir gingen
wir essen	wir aßen
wir fahren	wir fuhren
es regnet	es regnete
er verbietet	er verbot
wir nehmen	wir nahmen
wir schwimmen	wir schwammen

Seite 62

1 Vanessa erfuhr von den finanziellen Problemen der Schule Jose Marti in dem Ort El Jicaral. Sie hatte im August über das Internet Verbindung zu der Schule aufgenommen. Bald stand Vanessa in einem Online-Kontakt mit Herrn Cabrera. Seine Klasse war schon seit längerer Zeit um die Beschaffung von Geldern bemüht gewesen. Die Probleme in der Schule in El Jicaral bestanden bereits seit einer Weile. Der Staat hatte die Mittel für Schulen gekürzt.

2 In der Schule in El Jicaral fehlte vieles, zum Beispiel Bücher, Hefte und Schreibmaterial. Nachdem auch noch der Hurrikan „Mitch" das Land zerstört hatte, ging es allen Dorfbewohnern noch schlechter. Bevor sie sich um das zerstörte Schulgebäude kümmen konnten, hatten sie zuerst ihre eigenen Häuser repariert. Doch nachdem sie ihre Häuser wieder aufgebaut hatten, konnte der Unterricht trotzdem nicht gleich weitergehen. Bevor die Dorfbewohner beim Wiederaufbau der Schule helfen konnten, waren sie tagelang zum Aufräumen auf die Felder gegangen.

Seite 63

3 **Die folgenden Hauptsätze könntest du gebildet haben:**

Sätze im Plusquamperfekt	Sätze im Präteritum
Zuerst hatte der Hurrikan das Land verwüstet.	Danach ging es allen Dorfbewohnern noch schlechter.
Zuerst hatten die Dorfbewohner ihre eigenen Häuser repariert.	Danach konnten sie sich um das zerstörte Schulgebäude kümmern.
Zuerst hatten sie ihre Häuser wieder aufgebaut.	Danach konnte der Unterricht trotzdem nicht gleich weitergehen.
Zuerst waren sie tagelang zum Aufräumen auf die Felder gegangen.	Danach konnten sie beim Wiederaufbau der Schule helfen.

4 Nachdem Vanessa sich umfassend informiert hatte, stand ihr Entschluss fest: Sie würde an ihrer Schule einen Sponsorenlauf planen und vorbereiten. Der Erlös sollte der Partnerschule zugutekommen. Bevor Vanessa einen genauen Plan erstellte, hatte sie auch ihre Schulleitung überzeugt. Und tatsächlich: Nachdem der Lauf stattgefunden hatte, konnte Vanessa fast 2000 Euro an die Schule in El Jicaral überweisen.

Seite 65

2 Fabiana sagte, dass sie Kawa nett findet. Sie erzählte, dass sie am Montag fast zu spät zur 1. Stunde gekommen ist (wäre).
Sie sagte, dass sie Kawa in der Hauptstraße mit seinem Rad getroffen hat (habe).
Sie erzählte, dass er ihr das Rad geliehen hat (habe).
Fabiana stellte fest, dass sie deshalb pünktlich gewesen ist (sei) und er zu spät gekommen ist (sei).

3 **Du könntest die folgenden Sätze geschrieben haben:**
Ich wollte mal mit Kawa sprechen, weil Fabiana ihn cool findet.
Fabiana lehnte meinen Vorschlag ab, weil Kawa dann wieder einen roten Kopf bekommt.

4 **So könnte deine E-Mail aussehen:**
Fabiana findet Kawa nett, weil er ihr neulich sein Fahrrad geliehen hat und selbst zu spät gekommen ist. Ich soll es aber nicht weitersagen, weil er rot wird.

Seite 66

1 Adverbiale Bestimmungen des Ortes

Wo?	Wohin?
im Café im Keller auf den Tischen in der Küche auf deiner Schürze	in den Keller aufs Tablett in die Küche in die Spülmaschine in die Vasen

2 Die Gäste haben gemütlich im Café gegessen, aber ich bin den ganzen Tag hin- und hergelaufen. Ständig hieß es: „Achte darauf, dass saubere Tischtücher auf den Tischen liegen. Räum schnell das Geschirr aufs Tablett!" Aber die Arbeit hat Spaß gemacht. Manchmal habe ich auch in der Küche geholfen. Dort habe ich das Geschirr in die Spülmaschine geräumt. Oft bin ich in den Keller gelaufen. Denn im Keller steht ein großer Kühlschrank und ich habe neue Kuchen und Torten in die Küche gebracht.

Seite 67

1 Ich ging um halb sechs aus dem Haus. Um 7.00 Uhr kam ich in der Bäckerei Lange an. Ich habe morgens den Kuchenteig ausgerollt. Kurze Zeit später habe ich die Kuchenbleche in den Ofen geschoben. Gegen 10.00 Uhr habe ich meine Frühstückspause gemacht. Einige Male durfte ich zum Ausliefern der Kuchen mitfahren. Ich habe sechs Stunden gearbeitet.

2 **So könntest du die Fragen beantwortet haben:**
Wann hast du die Bleche abgewaschen?
Die Bleche habe ich nach der Frühstückspause abgewaschen.
Wie oft durftest du zum Ausliefern der Kuchen mitfahren?
Jeden Dienstag durfte ich zum Ausliefern der Kuchen mitfahren.
Wie lange dauerte die Frühstückspause?
Die Frühstückspause dauerte eine halbe Stunde.
Wann hattest du Feierabend?
Feierabend hatte ich um 13.00 Uhr.
Wann hast du geholfen, Roggenbrot zu backen?
Jeden zweiten Tag habe ich geholfen, Roggenbrot zu backen.

Seite 68

1 Wie will Natalie immer mit ihrer Chefin reden?
Wie wird Natalie arbeiten?
Wie will sie die Fragen von den Kunden beantworten?
Wie möchte Natalie zur Arbeit erscheinen?
Wie wird sich Natalie immer zeigen?
Wie will Natalie immer mit der Ware umgehen?

2 sehr freundlich, geduldig, schnell, gut gelaunt, sehr gern, viel zu schnell

Seite 69

1 Warum ging Piotr zeitig zu Bett? wegen des frühen Aufstehens
Weshalb machte Piotr das Praktikum viel Spaß? wegen der freundlichen Leute
Weswegen musste Piotr oft jemanden um Hilfe bitten? wegen der hohen Regale
Warum hat Piotr in der Zeit ein Kilo zugenommen? wegen des guten Essens

2 **So könntest du die Sätze umgeschrieben haben:**
Piotr ging zeitig zu Bett, weil er früh aufstehen musste.
Piotr machte das Praktikum viel Spaß, weil die Leute freundlich waren.
Piotr musste oft jemanden um Hilfe bitten, da die Regale zu hoch waren.
Piotr nahm ein Kilo zu, weil das Essen so gut war.

Seite 70

1 **Die folgenden Satzgefüge könntest du gebildet haben:**
Wisst ihr, dass es Turmspringen erst seit 1904 bei Olympischen Spielen [gibt]?
Hättet ihr gedacht, dass diese Sportart als Felsenspringen uralt [ist]?
Könnt ihr euch vorstellen, dass ein Sprung höchstens eineinhalb Sekunden [dauert]?
Ist euch bekannt, dass der Aufprall auf dem Beckenboden die größte Gefahr [ist]?
Habt ihr schon einmal gehört, dass Turmspringen auch Wasserspringen genannt [wird]?

(noch zu Seite 70)

2 b.–d.
Ich hatte richtig Angst, als ich vor Jahren zum ersten Mal auf dem Zehner stand.
Mir wird heute noch schlecht, wenn ich daran zurückdenke.
Ich sprang natürlich mit den Füßen zuerst, damit die Anst nicht zu groß wurde.
Ich habe die Schraube und den doppelten Salto erlernt, nachdem ich beide Figuren oft geübt hatte.
Ich habe bis heute große Fortschritte gemacht, obwohl es mir anfangs keiner zutraute.

Seite 71

3 Folgende Satzgefüge könntest du gebildet haben:
Ich musste lachen, weil dein Füller vom Tisch fiel.
Ich hoffe, dass du mich nächste Woche einmal mit zum Training nimmst.
Ich komme morgen in die Schwimmhalle, damit ich dir beim Training zuschauen kann.
Mir hat das Referat besonders gut gefallen, weil du auch Poster und Fotos gezeigt hast.
Ich behaupte, dass es Turmspringen bei den Olympischen Spielen schon früher gab.
Ich habe interessiert zugehört, weil du auch über dich erzählt hast.
Es hat geklingelt, als du mit dem Referat fertig warst.
Dein Referat war toll, weil du frei gesprochen hast.
Ich möchte gern zuschauen, wenn du übermorgen den nächsten Wettkampf hast.

Seite 72

1 Die farbigen Kinder trennte man während der Apartheid in den Schulen von den weißen Kindern, die bessere Bücher und Unterrichtsräume bekamen.
Der Schulbesuch wurde für ein farbiges Kind, das jedes Schulbuch selbst bezahlen musste, noch zusätzlich erschwert.
Farbige Kinder wurden oft von einem Lehrer unterrichtet, der schlechter ausgebildet war als ein Lehrer für weiße Kinder.

(noch zu Seite 72)

2 Die Südafrikaner besuchen zuerst sieben Jahre lang die Grundschule, die für alle kostenlos ist.
Mit der achten Klasse wechseln sie in die Sekundarstufe, die Gebühren kostet.
Der neue Lehrplan, der Gleichheit in der Schule und Bildung sichern soll, wurde erst 2005 in den Schulen eingeführt.
Trotzdem ist ein farbiger Schüler, der in schlechteren Wohngebieten mit weniger Schulen lebt, noch oft benachteiligt.

Seite 73

1 Das Leben vieler Südafrikaner hat sich nach der Apartheid verbessert, doch es gibt noch immer Ungleichheiten.
Auf dem Land haben die Kinder manchmal einen Schulweg von fünf Kilometern, denn in den Wohngebieten der Farbigen gibt es nicht genügend Lehrer.
Der Unterricht findet oft unter freiem Himmel statt, denn es fehlen Klassenräume.
Einige Schulen haben Strom, aber in vielen Gebäuden gibt es kein Wasser.
Neben den Kindern müssen auch Erwachsene unterrichtet werden, denn es gibt viele Analphabeten.
Analphabeten finden sich vor allem unter den Farbigen, denn sie konnten während der Apartheid keine Schule besuchen.
Auch an den Schulen hat sich heute einiges verbessert, aber gerade in den ärmeren Gegenden fehlt Geld.

P965153/06